Osamu Ogata
緒方 修

歩きはじめた沖縄

沖縄の自然と歴史、
そして辺野古

花伝社

歩きはじめた沖縄——沖縄の自然と歴史、そして辺野古◆目次

はじめに

沖縄の置かれている状況をどう見るか。本書は、そのための判断材料を提供するものだ。

現在の沖縄の状況は、こんな風に言えないだろうか。日本が押し付けた危険物や病原菌が狭い土地に集中し、島中を侵している。人々は、自己免疫力を発揮してかろうじて悪疫を退治しようとしている。しかし日本は「オキナワという厄介もの」を完全に病室に押し込め、さらに毒を盛ろうとしている。どうせ病気なんだから隔離しておこう。外を歩き回られたりしたら日本中が迷惑だ。米軍基地は沖縄に！　出来れば原発のゴミも⁉

これは今に始まったことではない。何百年来、日本が沖縄に対して行ってきたことだ。

一昨年の三月に内務大臣〇〇〇〇氏が視察にみえた。（略）去年の秋には総理大臣が陸軍大臣と海軍大臣をひきつれて視察にみえた。つまり沖縄県は国防のためにある。

『小説　琉球処分』（大城立裕著、講談社文庫、二〇一〇年）のエピローグよりこれは沖縄戦を見据えた話ではない。○○○○にあてはまるのは山県有朋。明治一九年のことだ。琉球処分から七年、翌年には日本は宮古・八重山諸島を清国へ引き渡すつもりであった。日清戦争勃発は明治二七年。明治の一〇年代からはっきりと日本は沖縄の軍事化、または切り離しを図っていたのだ。

その後、太平洋戦争における沖縄戦では、民間人を巻き込み、本土への米軍の本土侵攻を遅らせる捨石とした。約二〇万人が亡くなった地獄の地上戦の償いはまったく済んでいない。今でも不発弾処理で時々交通が遮断され、現在も一〇〇人の遺骨が毎年発掘される。辺野古のキャンプ・シュワブには二〇〇体を超す遺骨が埋められたまま、新基地建設が行われようとしている。

こうした現状を菅官房長官は「戦後生まれなのでなかなか分からない」と言った。

ある日曜日、私は朝の報道番組を見ていた。そこでのナレーションが気になった。

「沖縄という一地方が日本の政治を動かしかねない」

そうではない。沖縄という一地方が日本を動かすのではなく、日本がこれまで隠し通してきた嘘が沖縄ではとっくにばれてしまい、その影響が日本中に広がりそうな気配なのだ。

「えっ、そんなひどいことをまだ日本はやってんの⁉　私たちも考えなくちゃいけないわね、やっぱり政治を変えないと……」という流れになるのが為政者にとっては怖い。目覚められて、沖縄問題は実は日本全体の問題だと知られては困る。

「問題はすべて金目で解決、他人の痛みは知らんぷり、楽しくなければ日本じゃない、沖縄に生まれたのが不幸とあきらめてもらわなくちゃ、だってアジアの軍事の要石なんでしょ」と大人の割り切り方をしてもらわないと日本中が大変なことになるのだ。

そう、なによりアメリカ様に対して申し訳が立たない。これが隷属国家日本の安倍首相、菅官房長官の考えではないか。

沖縄との出会い

私が沖縄を初めて訪れたのは日本復帰直後であった。マスメディアの久米島観光ご招待プランに乗って、放送作家と二人で東京から飛んだ。その頃、私は東京のラジオ局の番組制作ディレクターだった。出張費ゼロの取材は大歓迎。

季節は一一月頃だったろうか、久米島に着いた夜、海に入った。水がぬるい。ずっと続く浅瀬を歩いた。トロピカルを売り物にしたホテルに泊まり、近くのヒージャー屋（ヤギ料理店）の裸電球の下で、臭いヤギ汁を味わった。食べ方は、これまた臭い泡盛と苦いフーチーバー（よもぎ）を入れて、臭みを消す。トリプルで臭みがかえって増すような感じだが、なんでも食べてみなくちゃ。味は覚えていない。

酔っぱらった青年達が軽トラックの荷台に何人も乗っていた。我々三人を盛んにどこかへ遊びに行こうと誘う。雑誌のカメラマンが一緒だったが、彼が断った。警戒している様子だった。

別に拉致されるわけじゃなし、夜中の久米島探検もいいじゃないかと思ったが、かたくなにカメラマンが拒否している。酔っぱらった青年たちにたかられる、とでも思ったのかもしれない。結局、最初の沖縄体験はヒージャー屋の暗い店内と酔っぱらいの青年たち、カメラマンの警戒ぶりしか覚えていない。

私のモットーは「取材は最高の観光」。思い立ったが吉日、どこへでも飛び出す。会社から派遣された海外取材は三〇回程度だが、私費で八〇回くらい出かけた。沖縄には復帰以後、だいたい年に四回ずつ通った。

ニュースマガジン「沖縄ノート」

その後、四〇代後半で体調を大きく崩し、まだ二人の子どもは小さかったが、命あっての物種と放送局に辞表を提出した。退職から二年後、南から暖かい救いの風が吹いてきた。ここで沖縄と私が、再びつながることになったのだ。

一九九九年から沖縄大学に職を得て、那覇に住み着いた。以来一六年、沖縄らしくのんびりしたのは最初の一年だけ。あとは講義のコマ数が増え、雑用が山ほど増え、学科長、学部長、地域研究所所長、と切れ目なく学内の役職を背負い込み、定年前の最後の数年間は毎年夏が来ると病気になった。仕事中毒という病気は治っていない。

大学を定年になるタイミングで、意識して仕事を減らした。ところが東アジア共同体研究所琉球・沖縄センター長なる役職が、天からの定めのように降ってきた。ジャーナリストの高野孟氏からの指名だ。同研究所は鳩山由紀夫元総理が理事長、高野氏は理事・研究員で沖縄にセンターを作りたいという話は聞いていたが、私がまさか責任者になろうとは思っていなかった。

しかし泣き言を並べてもしょうがない。沖縄にいる以上は何かのお役にたたねば。翁長知事が就任し、抗議運動の中、辺野古埋立ての工事が始められた。沖縄県は日米政府と闘い、辺野古新基地建設を全力で阻止しようとしている。東アジア共同体研究所の目標は、EUのような共同体を創り戦争抑止の装置として育て上げることだ。及ばずながら協力しようと考えた。

二〇一五年一月から、「東アジア共同体ニュースマガジン」が毎週メールで送られるようになった。ここに沖縄からの現地情報があれば良いのではないか。誰か出来る人はいないか、毎週レポートする人は？　県内のあちこちで行われている講演会を聞き、戦地巡りに付き合い、沖縄戦生き残りの証人にインタビューし、沖縄をあまり知らない全国の人たちに向けてエッセー風の文章を書く人は？　——そうかオレか、しょうがない。戦後七〇年だ、沖縄現地でないと分からないような細かいことを含めて書いてみよう。

という訳で、「沖縄ノート」と称する文章を毎週編集部に送り、約五〇〇〇人のアドレスにメールマガジンが届いている。本書は、ここ沖縄で毎日現地の新聞を読み、あちこちへ出かけた記録というかエッセーだ。

募る危機感

最近、新聞に投稿した文章を再録する。現政権に対して、沖縄県民が抱く危機感が分かってもらえたらと思う。

ニーメラーにならっていえば、現代日本の政治はこう表現できるだろう。

「彼らが最初、辺野古新基地反対のメンバーを逮捕した時、私は声を上げなかった。私はメンバーではなかったから。彼らが沖縄県民を非難した時、私は声を上げなかった。私は県民ではなかったから。彼らが私を攻撃した時、声を上げる人はもう誰もいなかった。」

なぜナチスを阻止できなかったのか、マルチン・ニーメラー牧師は、最初は不安だったが自分は関係ない、と思っていた。ヒットラーの攻撃対象は、共産主義者から始まって社会主義者、学校、新聞、ユダヤ人へと拡大してゆく。教会にまで及んだ時、もはや抵抗する力はどこにも残っていなかった。

第二次世界大戦から七〇年後、極東のアベドルフ・ヒットラー（!?）総統は、国是である戦争協力禁止の枠を次々と取り外し、武器輸出、自衛隊海外派遣などを可能にしてきた。

最近、東京のある小さな集会で辺野古の話をする機会を作ってもらった。沖縄に関心を持つ人もいれば、基地反対を唱えても無駄と断言する人もいた。私が驚いたのは沖縄の現状がほとんど伝わっていないことであった。大浦湾で海上保安庁が「辺野古ぶるー」（抗議のカヌー隊）のカヌーをひっくり返し、泳いでいる人にボートでのしかかる。シュワブのゲート前では警官隊が「犯罪者を特定せよ」、「豚一匹確保」などと市民を侮辱し、暴力をふるっている。

スガウェイ高等弁務官（!?）は「沖縄の自治は神話にすぎない」（キャラウェイ元高等弁務官の言葉）、とばかりに県民代表の知事の話を一切聞こうとしない。その割にはUSJやディズニーランド関係者にはひんぱんに会う。東京でのニュースにはこうしたことはあまり出てこない。辺野古の問題は安保法制に直結している。自然破壊か環境保護かの分岐点でもある。辺野古のキャンプ・シュワブの現場の闘争は、平和と戦争がせめぎあう現代史の焦点なのだ。本土の人々も中央のマスメディアも沖縄県知事と日本政府の法廷での争いのみに注目している。しかしお手並み拝見、と高みの見物を決め込んでいる場合ではないだろう。沖縄県の自治が侵されれば他の県が無事であるはずがない。次はどこだろう。学校に至っては管理教育が徹底し、憲法や基地問題の討論をしようにも、「政治的である」、として封じ込められる。一八歳から選挙権を与えよう、というのに情報をシャットアウトしてしまう教育機関とは何なのだ。次は……ユダヤ人はいないからウチナーンチュに攻撃が向かわないとも限らない。

この本が少しでも沖縄の現状を理解する手がかりとなればうれしい。辺野古まで出かけて応援しようという人もいれば、自分の持ち場でなにかやろうとする人もいるだろう。一人ひとりの力で現在の悪政をただし、非戦を実現する方向に向かうことが出来れば幸いだ。

序章——やんばるからの平和メッセージ

二〇一五年六月六日、名護市民会館で、東アジア共同体研究所 琉球・沖縄センター主催のシンポジウム「やんばるから平和の発信を！」が開催された。

ここで採択された平和メッセージ（原案・奥住英二——東アジア共同体研究所 琉球・沖縄センターメンバー）に、沖縄がおかれている状況、沖縄の願いと声が端的に表現されている。

「沖縄 やんばるから発信する平和メッセージ」

沖縄県は、東西約一〇〇〇km、南北約四〇〇kmの広大な海域に点在する大小一六〇の島々からなる島嶼県です。亜熱帯海洋性気候の下、それぞれの島ごとに豊かで多様な自然環境と風土・伝統に根ざした個性豊かな文化は、人々を魅了し惹きつける力をもっており、沖縄が持続的発展を志向する上で重要な要素となっています。

その沖縄は、太平洋戦争において一般住民が地上戦に巻き込まれ、多くの尊い命を失うという悲惨な体験を有しています。戦後の沖縄は、日本の独立と引き換えに本土から切り離され、米軍統治の下、土地を強制的に接収されて次々に基地が建設されていきました。

沖縄には、現在もなお、狭あいな県土に全国の米軍専用施設の約七四％が集中し、人口や産業が集中する沖縄本島の面積の約一八・四％を占めているほか、陸域だけでなく、水域及び空域においても使用が制限されています。

日本の安全保障を支える米軍基地が、沖縄県のみに集中している現状を改善してほしいと県民は強く願っているにもかかわらず、日米両政府は名護市辺野古の海域を埋め立てて新基地を建設しようとしています。

沖縄本島北部地域は、亜熱帯の照葉樹林が発達する豊かな森林生態系・淡水生態系が残され「やんばるの森」と呼ばれています。この森は生物多様性に富み、沖縄島で独自に進化し種分化をとげた固有種・固有亜種が生息・生育し、その多くが絶滅のおそれのある種とされています。そのため、やんばるの森は地球レベルで保全される必要があり、世界自然遺産として登録されるべき地域です。

日米両政府はそのやんばるの名護市辺野古に、ジュゴンが住む美しいサンゴの海を埋め立てて新基地を、また、東村高江にヘリパッド基地の建設を進めようとしています。過疎化が進む本島北部に基地が集中し、演習が繰り返されるようになれば、やんばるは間違いなく衰退していくことになります。

私たちは、沖縄を日米の軍事拠点から平和の要石へと転換し、東アジアの外交、安全保障、経済、文化、学術、環境の交流拠点として東アジア、ひいては世界の平和に貢献する地域にしていくべきであると考えます。沖縄はかつて独立国として中国をはじめ広く東南アジアの国々と交易を通じて交流を深めていた経験を有しています。二一世紀の今、沖縄が日本と東アジアとの新たな時代における国際交流拠点として多様な交流を積極的に展開することにより、沖縄県の自立的発展のみならず東アジア全体の平和と繁栄に寄与するという大きな役割を担うことができると確信しています。

沖縄戦の悲惨な体験を持つ沖縄に、戦後七〇年もの長い間、日米安保の過重負担を押し付け、さらには海を埋め立てての新基地を押し付けるのは自由と平等と民主主義に反するものであります。沖縄の基地問題は日本国の問題であるとともに基地を使用する米軍・米国政府の問題でもあります。沖縄県民の民意を無視した強硬な基地建設に異議を唱え、やんばるの自然環境の保全と持続可能な利用による地域の振興、地域住民の安全で安心な生活環境の確保、そして多くの沖縄県民が目指す平和な島の実現に向けて、ここやんばる地域から高らかに声を上げていきます。

二〇一五年六月六日

シンポジウム「やんばるから平和の発信を！」参加者一同

主催：東アジア共同体研究所 琉球・沖縄センター

northern part of Okinawa Island, which is experiencing depopulation, and if military training is carried out there on a regular basis, there is no doubt that Yambaru will suffer extreme decline.

We believe that Okinawa should be transformed from a military stronghold for the U.S. and Japanese governments into a cornerstone of peace that contributes to the peace of East Asia and the entire world by acting as an outpost for diplomatic, security, economic, cultural, academic, and environmental exchange in East Asia. Okinawa was previously an independent kingdom with deep connections to China and Southeast Asia forged through trade. We are certain that now, in the 21st century, Okinawa has a major role to play in contributing not only to its own independent development but to the peace and prosperity of all of East Asia by actively promoting diverse forms of exchange and communication as an outpost of international exchange in a new chapter of history for Japan and East Asia.

Okinawa experienced a tragic land battle during the Pacific War, and for 70 long years since the end of the war, it has borne an excessive burden under the U.S.-Japan Security Treaty. To now force the construction of a new military base involving a huge offshore landfill would be an affront to liberty, equality, and democracy. The issue of bases on Okinawa is an issue for all of Japan, as well as a problem that must be faced by the United States government and military, who use the bases. We oppose the forceful construction of a military base with no regard for the will of the Okinawan people. We are raising our voices from the Yambaru region in the hope of achieving the wish of so many Okinawans—regional revitalization based on environmental preservation and sustainable use of land in Yambaru, the assurance of a safe and peaceful place for local residents to live their lives, and most of all, the realization of Okinawa as an island of peace.

June 6, 2015

Attendees of "Spread Peace from Yambaru!" Symposium

Organizer: East Asian Community Institute Ryukyu/Okinawa Center

Prime Minister of Japan Shinzo Abe

U.S. Ambassador to Japan Caroline Kennedy

Message of Peace from Yambaru, Okinawa

Okinawa Prefecture is made up of 160 islands of various sizes spreading across an area of sea spanning approximately 1,000km from east to west and 400km from north to south. Okinawa enjoys a subtropical maritime climate, and each island possesses its own rich, diverse natural environment and heritage from which springs a unique culture. These unique cultures embedded in nature have the power to charm and entice, and constitute an important factor in promoting the sustainable development of Okinawa Prefecture.

During the Pacific War, Okinawa experienced a horrific land battle in which ordinary citizens became embroiled, and many precious lives were lost. After the war, Okinawa was separated from the rest of Japan in exchange for mainland Japan's independence from U.S. occupation, and under U.S. military rule, Okinawan land was forcibly seized and used to build numerous military bases.

Even now, approximately 74% of the military facilities in Japan designated exclusively for U.S. use are located in the small prefecture of Okinawa. Approximately 18.4% of the land on Okinawa Island, where most of Okinawa Prefecture's population and industry are concentrated, is taken up by U.S. military bases. In addition to land, use of sea and air space is also restricted for the sake of U.S. military training.

The people of Okinawa strongly desire a change in the current situation in which these U.S. military bases, which form the backbone of Japan's national security, are overwhelmingly concentrated in Okinawa. However, in spite of the wishes of the Okinawan people, the governments of the United States and Japan are now planning to reclaim land off the shore of Henoko in Nago City in order to build a new military base there.

In the northern part of Okinawa Island there remain subtropical evergreen forests home to rich woodland and freshwater ecosystems. These areas are called the Yambaru forests, and they are rich in biodiversity. Unique species and subspecies distinct to Okinawa live there, and many of those species are in danger of extinction. Because of this, the Yambaru forests should be registered as a Natural World Heritage Site, as it is critical on a global level that they be preserved.

However, the governments of the United States and Japan are now attempting to proceed with land reclamation for a new military base on top of the beautiful coral-filled sea in Henoko, Nago City, where the endangered dugong resides. They are also proceeding with the construction of helipads in Takae, Higashi Village. Both of these locations are part of the Yambaru area. If military bases become concentrated in the

日本国総理大臣　安倍晋三殿
在日米国大使　キャロライン・ケネディ殿

現場の「闘い」と応援のための「広報」

二〇一四年、東アジア共同体研究所 琉球・沖縄センターは沖縄で五回の講演会を開催した。那覇市で四回、石垣市で一回。いずれも翁長県知事実現応援の意味合いをもっていた。仲井真氏が再選するようでは、すなわち辺野古の新基地建設が進むようでは、沖縄の未来は五〇年も一〇〇年も遠のく。翁長氏以外の候補の応援は考えられなかった。

現実には日本政府が変わらない限り、沖縄単独の努力では未来を描きにくい。そして日米安保の根幹に関わる軍事基地の四分の三を沖縄一県に押し付けたまま、日本の未来を構想することも難しい。事は日本全国に及ぶのだが、「醜い日本人」（大田昌秀氏がかつて著した本のタイトル）を代表する日本政府は知らんぷりを決め込んだまま。それどころか基地反対の最前線の人びとを、海中では船から落とし、ゴムボートで突き当り、陸上ではごぼう抜きにしている。

こうした現状は本土のメディアにはほとんど載らない。どうするか？

「広報」と言えば企業がものを売るための作戦としか考えていない人が多い。本来はなにかを実現するための幅広いメッセージの伝達だ。reach & frequency（到達度と頻度、と訳せば良いのだろうか）が重要である。

ワシントンでの知事や県議、市議を中心とする行動は、予期した以上に効果を上げたようだ。しかし新基地建設撤回にまでは至っていない。外務省の妨害があったことは容易に想像がつく。多くの米軍基地を抱える県知事が訪米したのに、なるべくランクの低い相手としか話をさせない。あからさまに冷淡な態度を示し、日米政府の合意以外の「雑音」をシャットアウトしたい補佐官もいた。米政府も直ちに「知事の訪米の効果を打ち消す」ような、異例の声明を発表した。逆に言えばかなり核心を突かれたためあわてて反論しているように見える。これからはネガティブキャンペーンが張られることだろう。既に菅官房長官は、それ見たことかと皮肉交じりのコメントを出した。

さて五月一七日の県民大会（翁長訪米応援）には鳩山元総理も参加した。一人の観客としてアルプススタンドに座った。席に向かう途中で盛大な拍手を浴び、握手を求める人も多かった。これ（こうしたパフォーマンス）で良いという人もいれば、元総理が観客席ではおかしい、という声もある。東アジア共同体研究所の理事長として、直接政治に携わるのではなく、側面から東アジアの平和のために尽力する、その姿勢を示した、と私は解釈している。

これは他人事ではない。私も、沖縄の他の組織では出来ないことをやるべきではないか、と常々思っている。その一つが国の内外への情報発信だ。

山形県や宮崎県の県知事が、アメリカの国務省や国防省に直接訴える場面は考えられない。しかし、沖縄のことは沖縄で決まるのではなく、大半が東京やワシントンで決まる。だとしたら、そこに向けた情報発信が必要だ。

今回のワシントン訪問は、県議・市議、経済人一人（平良朝敬氏）、民間人一人（安田哲也・東アジア共同体研究所 琉球・沖縄センターメンバー）の合わせて約三〇人が三つのグループに分かれて行動した。

県系人のイゲ・ハワイ州知事や上院軍事委員会のマケイン委員長との面談などの成果はあったが、アメリカはもちろん、日本本土のメディアは冷ややかな目で見ている。今回の行動で、新基地建設取り消しなどの逆転ホームランが出た訳ではないのでやむを得ないが、もう少し日ごろからの広報戦略を練り、人脈形成を図っておくべきではないかとも感じた。

沖縄情報の対米発信を

県民大会の前日、五月一六日の琉球新報に「沖縄の決意　世界へ」と題する八ページの特集があった。「正義への責任——世界から沖縄へ」シリーズ（特別編）に登場した乗松聡子氏（「ジャパンフォーカス」エディター）の翁長知事への提言から引用する。サブタイトルは「承認白紙化に説得力　訪米前にメッセージ明示を」。

訪米行動への提案は

①「訴え」だけでは足りない。苦しい現状や歴史的経緯を訴えれば相手が意を汲んで行動

を変えてくれるという期待は残念だが通じない。「で、私に何をしろと？」と逆に問われてしまう。その現状をどう変えたいのか、そのために相手に何をしてほしいのかまで具体的に要求する。

②「民意」を伝えるだけでは足りない。（以下⑤まで、冒頭の文以外は省略）

③「米国の民主主義に訴える」という声もあるがあまり当てにすべきではない。

④「米国の世論喚起」にも限界がある。

⑤何よりもプロフェッショナルな英語でコミュニケーションをする必要がある。

日本のコミュニケーションの特徴ともいえる「以心伝心」「眼で語る」「それとなく示す」といった繊細微妙、分かる人だけに分かるような文化とは対極の考え方だ。沖縄側ははっきりと、外国の基地はもう要らない、という主張なのだ。相手がもういい、分かったと言うまで、繰り返し繰り返し伝えるべきではないか。

「ワシントンは軍関係の人が多いので、なるべく政治的なことは口にしないで」（訪米団打ち合わせの時の発言）といった配慮は無用。それどころか「口にしなければ」間違ったメッセージを与えてしまう。上記の五項目を肝に銘じ、対米広報に当たる必要がある。

第1章　琉球・沖縄の自然

1　奄美・琉球の自然を世界遺産に

琉球弧《りゅうきゅうこ》世界遺産学会が二〇一三年に発足した。私は会の事務局長を務めている。

琉球弧とは奄美以南の南西諸島のことだ。奄美はかつて琉球王国に属し、薩摩から侵攻され、現在は鹿児島県だが、奄美諸島の南半分は琉球文化圏で、琉球舞踊も三線も泡盛もゴーヤーチャンプルーも同じ（沖縄ではゴーヤではなくゴーヤーと伸ばす）。一番南の与論島の生徒は修学旅行の時に、いったん沖縄本島へ出て那覇空港から飛行機で出発するくらいだ。奄美も含め琉球弧としてくくっている意味は、「奄美・琉球の世界遺産」が日本の五番目の自然遺産になりそうだからだ。

二〇一五年現在の世界遺産の登録数は一〇三一件。日本は全部で一九件、文化遺産が一五件、自然遺産が四件。沖縄では二〇〇〇年に「琉球王国のグスクと関連遺産群」が登録されて既に一五年が経った。その割には知らない人が多い。最近の富士山や富岡製糸場に比べても認知度は最低かもしれない。これは県内でもそうで、県民が沖縄の歴史や文化に関心がないのではいかんと焦ったメンバーが集まったのが琉球弧世界遺産学会。その顔ぶれは、二〇〇〇年に世界遺産登録までにこぎつけた県の主要メンバー四人のうち三人、そして文化庁で長年文化財保護に携わった専門家などだ。

現在、沖縄本島内の九資産が世界遺産に登録されている。そのうち五つがグスク（正確にはグスク跡）、あとの四つは御嶽《うたき》、庭園、陵、石門。全てが人々の祈りの対象となっている。聖地巡りと言っても良い。そこで「沖縄・世界遺産巡り検定」と名付けた検定試検を始めた。三年前から奄美・琉球の自然が世界遺産候補となったので「奄美・琉球世界遺産検定」と名称変更した。

琉球のグスク

二〇〇〇年の沖縄の世界遺産の登録名は「琉球王国のグスクと関連遺産群」。城ではなくわざわざ〝GUSUKU〟と名付け、国際的に認められた。ではグスクとは何か。第一人者の當真嗣一《しいち》氏の講演レジュメより紹介する。

グスクの多義性

城の概念があるとしても内容がものすごく多様で複雑な要素が絡んでいることに注意。

・按司が領域を治めるために築いたグスク
・貿易するための倉庫的機能をもっていたグスク
・物見とか烽火をあげるためのグスク
・外洋船と接触するためのグスク
・隣り村同士が土地の領域、水の利権、あるいはその他のいろいろな理由で争いが生じたらどうするか（避難する場所の確保が必要となる）
・本城を中心として出城や支城もある

それぞれの用途に応じたグスクが沖縄には五〇〇もある。世界遺産登録申請の際に、イコモス（国際記念物遺跡会議）から派遣された中国の研究者がびっくりしていたそうだ。

世界遺産に学ぶ

ユネスコの世界遺産条約はもっとも成功した条約とも言われている。世界遺産登録物件は石造りの建物が中心で、木造や泥の家は少ない。そこで途中から木造や泥の建物も見直され東南アジアやアフリカからの登録も増えた。しかし依然としてヨーロッパ中心であることは否めない。イタリア、スペインの教会群など、我々が見てあまり違いが分からないような建物も多い。

が、ともあれ自然遺産については環境保全に一定の効果をあげている。
花井正光氏は沖縄エコツーリズム推進協議会会長、琉球弧世界遺産学会副会長。レジュメから一部を引用する。

近年、史跡をはじめとする指定文化財の保存や整備・活用の考え方に新たな手法が加わりつつあることにお気づきでしょうか。地方自治体が取り組む事業においてもこれまでと様相の異なる事例が目立つようになってきました。
ざっというと、地域に所在する多様な文化財を個々に捉えるのではなく、カテゴリーの異なる文化財を、文化や自然環境も含め包括的、統合的に広く捉えて「地域遺産」として理解し、社会・経済・自然環境にかかわる地域の社会生活と一体化させ、現代社会の課題に立ち向かい、現在および将来の世代にとって良好な地域社会の創出のツールのひとつにする取り組みとみてよいでしょう。この取り組みの考え方は、地域遺産を社会生活において現代的役割を持たせることで持続可能な発展に資そうとする世界遺産条約の精神と、実は軌を一にするものなのです。

奄美・琉球の自然が世界遺産に登録されれば、沖縄県は文化・自然の二つの世界遺産を持つ日本では唯一の県になる。やんばるの自然が世界に認められることになる。

しかし日本政府が沖縄の民意を踏みにじり、怪我人を多数出しながら、やんばるで「粛々」と進めている辺野古の埋め立ては、いったいぜんたい何なのだ？

もし強行すれば、広島原爆ドームなどに並ぶ負の世界遺産となるだろう。

＊二〇一五年に「明治日本の産業革命遺産」が登録された。鹿児島県の旧集成館などの文化遺産が含まれる。自然遺産「屋久島」が既に登録済みなので、鹿児島県がいまのところ二つの世界遺産を持つ唯一の県。

2　世界遺産から学ぶもの

「明治日本の産業革命遺産」の世界遺産登録が決まった。岩手県から鹿児島市まで八エリア、二三施設の資産だ。

産業遺産の登録はユネスコも近年力を入れており、何の問題もなさそうだった。ところが戦時中の朝鮮人労働者の「強制労働」を韓国側が問題にした。三池炭鉱・三池港では九二〇〇人の朝鮮半島出身者が働いていた。韓国側は八幡製鉄、三菱重工長崎造船所、高島炭坑などで合わせて五万七九〇〇人が強制徴用された、として登録に反対した。強制徴用された中には中国人もいた。

負の世界遺産

世界遺産の中にはゴレ島やロベン島、海商都市リバプール、アウシュヴィッツ、日本の広島原爆ドームなどの負の遺産もある。

ゴレ島はセネガル共和国の首都ダカールの近く。一七〜一八世紀、ヨーロッパ各国はアフリカで、武器や綿製品と引き換えに奴隷を買った。その奴隷をアメリカに売ってコーヒー、綿花などを手に入れた。三角貿易である。いまもゴレ島には鎖につながれた奴隷たちが収容された「奴隷の家」が残っている。

ロベン島は南アフリカ・ケープタウンの近く。ネルソン・マンデラが政治犯として二〇年も投獄されていた。両島とも人類の恥ずべき人種差別、人権抑圧の歴史を語る世界遺産だ。

海商都市リバプールは大英帝国華やかなりし頃の繁栄をあらわす街並み。これも奴隷売買の三角貿易の拠点だ。

アウシュヴィッツは正式名「アウシュヴィッツ・ビルケナウ――ナチス・ドイツの強制収容絶滅収容所（一九四〇―一九四五）」。ここで殺されたユダヤ人が約一五〇万人。そのほかに政治犯、犯罪者、精神障害者、身体障害者、ロマ（ジプシー）などが毒ガスで殺されたことは有名だ。役に立たないものは殺す、ただ殺すだけではもったいない。人体の脂肪分から石鹸を作ってみたり、髪の毛をまとめて羽ふとんの代わりにしてみたり、ナチスの人体利用の「科学的精神」に戦慄する。

広島の原爆ドームは、まぎれもないアメリカの重大な国家犯罪の証拠だ。誰が落としたかはっきりさせないで、「過ちは繰り返しません」などと言ってる場合ではない。

こんな明白な犯罪の証拠を世界遺産にされたのではアメリカはたまらない。そこで不支持に回った。中国は賛否保留。一九九六年、メキシコのメリダ市で開催された第二〇回世界遺産委員会での、アメリカの言い分を聞こう。

我々は、今回の原爆ドームの世界遺産への推薦に関し、歴史的な視点が欠如していることを懸念する。我々が、第二次世界大戦を終結させるために、核兵器を使用する状況を迎えることになるまでに起きたさまざまな事件を知ることが、広島で起きた悲劇を理解する上で重要になる。一九四五年を迎えるまでの歴史的な流れの精査が必要である。我々は、戦争に関する物件の登録審議が本会議の範疇から外れていることを確信しており、委員会に対し、戦争関連物件の世界遺産登録に関する妥当性の審議に取り掛かることを強く要望する。

盗人猛々しい、どころか、殺人者によるさらなる脅迫、ではないか。このアメリカの精神構造が、沖縄戦では民間人を大量に殺し、いまもなお基地を置き続けているのだろう。

世界遺産登録申請は、世界遺産委員会の一年半前に行わなければならない。登録基準は「vi・

北山王《ほくざんおう》の居城・今帰仁城跡《なきじんじょうあと》

護佐丸《ごさまる》が造営した座喜味城跡《ざきみじょうあと》

阿麻和利《あまわり》の居城・勝連城跡《かつれんじょうあと》

護佐丸《ごさまる》の居城・ペリーも訪れた
中城城跡《なかぐすくじょうあと》

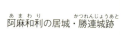

琉球国王の居城・首里城跡《しゅりじょうあと》

王族の陵墓・玉陵《たまうどぅん》

王族の聖域に通じる
園比屋武御嶽石門《そのひやんうたきいしもん》

王家の別邸・識名園《しきなえん》

撮影は緒方
49ページの斎場御嶽《せいふぁうたき》を含めた9ヵ所が世界遺産「琉球王国のグスク及び関連遺産群」の構成遺産

人類の歴史上の出来事や伝統、宗教、芸術などと強く結びつく遺産」。その時の総理大臣は誰だ？　と調べてみると一九九四年六月三〇日～一九九六年一月一一日まで村山富市。なるほどね。安倍ではアメリカの反対を押し切ってまで、広島原爆ドームの世界遺産登録は出来なかっただろう。

三日後に落とされた長崎の原爆をふくめて世界遺産にしなかったのは、長崎に残る「モノ」がないからだ。いや破壊された天主堂が残っていたのだが、アメリカの圧力（？）で消えた。このへんは、高瀬毅『ナガサキ　消えたもう一つの「原爆ドーム」』（文春文庫、二〇一三年）に詳しい。原爆の炎を浴びて黒い涙を流しているマリア像があった。こんなものが世界遺産として残されれば、キリスト教が圧倒的に多いアメリカ国民なら眠れなくなるだろう。

長州藩のＤＮＡ？

さて今回の日韓の醜い争いだが、日本側は「（明治日本の産業革命と太平洋戦争とは）時代が違う」「強制徴用はなかった」などと言い訳している。韓国側からは「負の遺産」にせよ、という主張もあった。六月二一日の日韓外相会談では韓国側の「百済の歴史地区」の登録とひきかえに日本側の世界遺産登録にも協力する「取引」が成立したかに見えた。ところが翌七月、ドイツのボンで開催された世界遺産委員会は最後まで紛糾。結局日本側が次のような文書を出して決着した。

「意思に反して連れてこられ、厳しい環境の下で働かされた多くの朝鮮半島出身者らがいた」。その後、日本の外務大臣は「強制ではない」と強弁していた。しかし「意思に反して」とは「強制的に連れてきた」ということではないのか。安倍首相のこだわり、中国・韓国蔑視の歴史認識があらゆる場面で衝突を生み出す。

まるで長州藩のＤＮＡの悪い部分が遺伝しているようだ。尊王攘夷を唱え、ヤケノヤンパチで外国人を襲う、四か国連合で砲撃される。すると、すっかり態度を変えて外国にすりよる。天皇を利用して江戸幕府を倒す。以下、日本は日清・日露戦争で成り上がり、太平洋戦争でアジアを荒らしまわってすっかり嫌われ者となってしまった。

世界遺産の資産の中に、三菱の始祖・岩崎弥太郎ゆかりの施設などがある。安倍首相は「坂の上の雲」を意識して、一連の資産の世界遺産登録を果たした。しかし作者の司馬遼太郎は、引き合いに出されることを苦々しく思っているに違いない。「明治維新の志士たちに顔向け出来るのか、君は。東アジアの同朋を奴隷同然に扱い成し遂げた結果は何だったのだ。いままた再び戦争国家への逆戻りか」と。

3　沖縄の観光

二〇一五年一月二四日付の琉球新報に、「観光客七〇五万人」とあった。県文化観光スポーツ部が発表した二〇一四年の入域観光者の数だ。前年比一〇・〇％増、七〇五万六二〇〇人と初めて七〇〇万人を突破した。外国人が六二・二％増の八九万三五〇〇人、国内客が五・一％増の六一六万二七〇〇人。外国人の内訳は台湾が三四万四一〇〇人、韓国が一五万五一〇〇人、香港が一二万三〇〇〇人、中国本土が一一万三四〇〇人など。つまり中国語をしゃべる人達が五八万人を超す。那覇の国際通りやスーパーマーケットでは、中国系のカップルや集団が目立つ。なるほど六〇万近くも中国系の人が来ているのなら、モノレールにもショッピングモールにも中国語があふれるのは当然だ。

石垣島の観光

那覇から飛行機で一時間弱、石垣島には二〇一四年、一一〇万人以上が訪れた。人口約五万人の島に二〇倍ものお客様！　最初は宿泊施設の手配などで混乱したが、いまは全員収容できるらしい。一人一泊としても三〇〇〇人が毎日宿泊している計算だ。

同年一月一七日のニューヨークタイムスで「今年行くべき五二の場所」という特集があった。日本からは二つ選ばれている。一六位に石垣島、四一位に長野県の野沢温泉。アジアでは世界遺産にもなっているベトナムのフォンニャ洞窟が八位、台北が一三位だった。

石垣島が選ばれた大きな理由は、ピーチ航空などのＬＣＣ（格安航空会社）乗り入れによる航空運賃の超安値実現がある。私も毎月往復しているが、約一万三〇〇〇円の航空運賃で済み、二か月前から予約すると往復八八〇〇円だ。

石垣島の港からフェリーで一〇分のところに赤瓦の家並みと白砂の道、水牛観光で有名な竹富島がある。人口三六五人の島だが、自転車が三〇〇〇台もある、とのこと。一桁違うのではないかと疑っていたが、ぐるりと島内を一回りしてみると、数百台単位の駐輪場があちこちにある。これなら修学旅行や団体が何十チーム来ようが対応できる。

石垣島に台湾からのクルーズ船が週二回寄港する。この乗客数、八万七九四九人。一五〇〇人~二〇〇〇人が一度に降りて半日以内に買い物や観光に駆け回る。市内の大きなスーパーは定期的に台湾人に占拠される。市民はクルーズの寄港日を知っていて、その日は買い物を控えるそうだ。

石垣市民の七つの夢

石垣市の幹部によれば、沖縄が本土復帰（一九七二年五月一五日）後、石垣市民の永年の七つの夢が全て実現したという。

①石垣島から世界チャンピオン…一九七六年一〇月一〇日、具志堅用高氏がWBA世界ジュニアフライ級王座獲得。
②石垣島から紅白歌合戦へ…二〇〇二年、BEGINと夏川りみが初出場。

③石垣島から甲子園へ：二〇〇六年、八重山商工野球部が春夏連続出場。
④石垣島でのプロ野球キャンプとオープン戦の開幕：二〇〇八年より千葉ロッテマリーンズが春季キャンプ。二〇一四年二月一六日、千葉ロッテマリーンズvsオリックスバッファローズの開幕オープン戦実施。
⑤石垣島からオリンピックへ：二〇一二年七月二八日、ロンドンオリンピックで自転車ロードレースに新城幸也選手が出場。
⑥新石垣島国際空港開港：二〇一三年三月七日、台湾から定期便の就航実現。
⑦石垣島から首都圏へ直行便：二〇一三年、東京・成田・名古屋・大阪・神戸・福岡から就航

今、新たなる七つの夢を掲げ、実現に向けた勇躍前進の船出を！

日本で一番早い海開き

石垣市の観光客の推計&人口推計には、数字だけでなく社会情勢が記されている。沖縄ブームの始まりから現在まで三二項目。一九七一年、南沙織デビューで沖縄ブーム。一九七二年、本土復帰・離島ブーム、日中国交回復に始まり、二〇一三年の新石垣空港開催などがある。

なかでも私が記憶に残っている最高のPRは、一九八〇年の第一回日本一早い海開き開催だ（現在では八重山の石垣市、竹富町、与那国町の三市町が毎年ローテーションで順に開催する。竹富町は

島が沢山あるので開催するビーチが変わる)。

当時、私はNHKのニュースで見たのだが、三月の下旬、東京には珍しく大雪が降り、山手線はストップ、都内の道路も大渋滞の日だった。あたかもその時、南国の石垣島では青空が広がり、真っ白な砂浜に地元青年団がぱらぱらと集まっている。カメラの先には二人のビキニの美女! JALとANAのその年のキャンペーンガールが登場し浜辺に走る。海に入ってもOK。石垣島の三月の海中の平均気温は二一度を超す。「行った人から夏になる!」というキャンペーンもあった。

こちらは東京で花粉症の真っ盛り、鼻はぐすぐす、目は赤くなり、くしゃみ連発だというのに、うつろな眼でテレビを見れば、青い空と青い海、ビキニの美女がそろって海開きだ。インフォマーシャル(インフォメーション+コマーシャル)の完璧な例として記憶している。

この年(一九八〇年)の入域客は三五万七九一〇人(観光客は推定二一万一二四四人)だったが、その二二年後、二〇〇二年のNHK朝ドラ「ちゅらさん」効果で沖縄・石垣ブームが起きた。この年の入域客は七五万二八三〇人(観光客は推定六一万三三六二人)。三倍に増えている。そして現在は一一〇万二五三四人(観光客は推定九三万七〇二四人)と、石垣を訪れる観光客は沖縄観光の約七分の一を占めるようになった。

二〇一五年の日本一早い海開きは三月二一日、与那国島で開催される。

4 大浦湾の生きものたち

辺野古のキャンプ・シュワブ前を通り過ぎる。左側のテント村には座り込みの人たち、右側がキャンプ・シュワブのゲート。警備会社の人間がいつも一〇人くらい横一列に立っている。その後ろに機動隊員が乗った車がひかえている。

大浦川を横切ると汀間《ていま》地区に入る。集落の中の一軒の家、離れには大きなプレハブ造りの家。入ると大浦湾の生きものたちのパネルが壁に貼られ、大きなテーブルには砂浜が再現されている。このジオラマを作ったのがダイビングチーム「すなっくスナフキン」の代表、西平伸さん。スナフキンとは「楽しいムーミン一家」に登場するとんがり帽子をかぶった少年。西平さんはあんなに眼は大きくないが、雰囲気は似ている。

展示物を見ていると、ニシヒラトゲコブシと自分の名前の付いた生きものまである。顕微鏡が置かれ、横には学術的な説明、と思えば壁には名前のないウミウシが約四〇種載ったポスター。名前のない、ということは新種だ。おいおい大変なコレクションだよ、これは。パネルや解説がしっかりしているのは、ダイバー達が研究者ぞろいで、大浦湾を研究対象として論文を書いている人が沢山いるからだ。冊子を三冊頂いた。英語がメインの「Exploring the Nature of Oura Bay and its Surrounding Area」、同じく英文解説付きの「大浦湾 大浦湾

（上）大浦湾の生き物たち　すなっくスナフキンによる展示

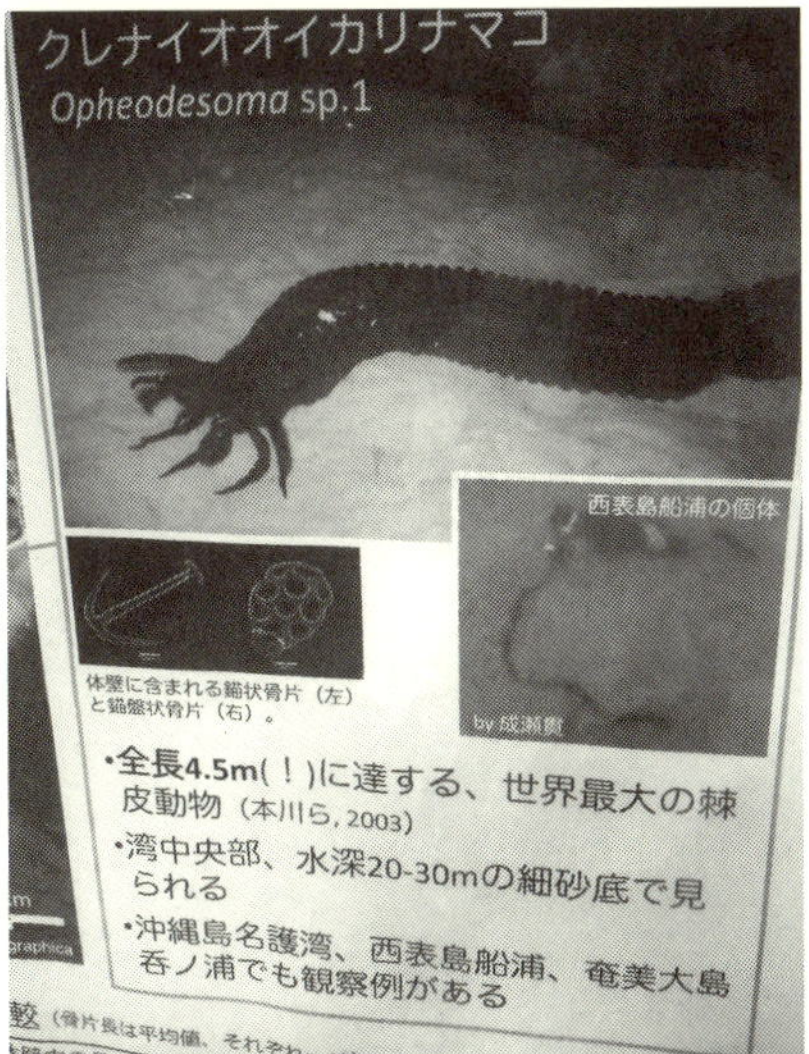

（右）全長 4.5 メートルにも達するなまこ

生き物マッププロジェクト」、それに日本語の「大浦湾の生きものたち」。この一〇年間、辺野古沖の海に潜り続けた研究者たちの結晶だ。

はさみこみのB4サイズのカラー写真には一二〇種のウミウシの仲間が掲載されているが、これは一部だそうだ。裏には六七種の造礁サンゴ（これも一部）がある。「大浦湾の生きものたち」のホームページでは、三八メートルものジュゴン・トレンチ（食み跡）を追いかけた動画映像などを見ることが出来る。

山にはリュウキュウイノシシ、リュウキュウコノハズク、キクラゲ、オキナワウラジロガシ、オキナワキノボリトカゲ等々。

川にはリュウキュウアユ。川と海を往復する魚で奄美大島と沖縄本島にしかいない。沖縄本島では河川の汚染でいったん姿を消したが、奄美大島から持ってきて放流し再びよみがえらせた。他にもナンヨウボウズハゼ、クロヨシノボリ、ヒラテテナガエビ、ヌマエビ、オキナワアオガエル、リュウキュウカジカガエル、ヒメアマガエル、ヒメハブ等々。

マングローブの林にはヒメシオマネキ、オキナワハクセンシオマネキ、ルリマダラシオマネキ、チワラスボ、ツメナカヨコハサミ、ヤエヤマヒルギシジミ、マトモチウミニナ、ミナミトビハゼ、マングローブゴマハゼ、ツノメチコガニ、カタシイノミミガイ。ヤエヤマヒルギシジミはハマグリより大きな貝で、一鮮満という那覇市の居酒屋で食べたことがある。

あとのページは干潟、潮間帯（潮の満ち引きによって陸になったり海になったりする浅い場所）、

辺野古崎と大浦湾
400種以上のサンゴとジュゴンの北限生息地である大浦湾は、生物の多様性に富んだ世界的に見ても貴重な海である。
この美ら海を埋め立てて"戦争基地"を造ろうとしている。

海岸、海藻藻場、ユビエダハマサンゴ群集、塊状ハマサンゴ群集、砂地、泥場、ガレ場等に住む生きものたちが紹介される。

奇跡的に生き延びている生命。彼らの名前を、般若心経のように繰り返し口にして、自然の豊かさを讃えたくなる。

小さな生きものたちばかりではない。大浦湾には世界最大のなまこがいる。長さ三〜四・五メートル。ダイバーと一緒に写った写真は海蛇のようだ。西平さんは「身体に巻いてあがってくる」と言う。こんな貴重な生物たちが住む海とは知らなかった。

沖縄本島北部東海岸に位置する大浦湾は水深が深くラッパ状に切れ込んだ地形をしている。このような湾は沖縄の他の地域ではあまり見られず、それゆえに複雑で面白い生態系が構成されていると思われる。（「大浦湾　大浦湾生き物マッププロジェクト」より）

辺野古の海と陸地をまたぐV字形滑走路予定地は、ここにある。

汀間からの提言

汀間《ていま》区の新名義治区長に話を聞いた。大阪に長くいてこちらで生活を始めた。辺野古ばかりがクローズアップされるが、大浦湾をはさんだ対岸のこちらも基地の影響は重大だ。軍事基地建設を止めるには広く県外・国外に訴えるしかない。区長は国連に手紙を書いた。

国連・環境計画事務局　殿

平成二七年三月二五日

沖縄県名護市汀間区　区長　新名義治

大浦湾に新基地はつくらせない・二見以北住民の会

会長　松田藤子

拝啓

我々は、日本国沖縄県名護市汀間区の住民です。我々が生活している地域で今、日米両政府が、強引に軍事基地を建設しようとしています。美しいサンゴやジュゴンの住む海を埋め立て、自然豊な地域を破壊しています。両政府は抑止力のためと言ってますが、戦争に結びつく軍事基地は絶対作らせてはいけないし、作らせません。しかも両政府は民主主義の基本である民意も無視し、足で踏みつけ、我々地元住民の生活を破壊しようとしています、したがって国連に訴えを起こします。

（一）新基地建設を進めている場所は大浦湾内で綺麗なサンゴやジュゴンの餌となる海藻が沢山ある豊かな海です、天然記念物ジュゴンが回遊し沢山の希少生物のいる海を埋め立て軍事基地を建設しようとしています。世界的にも大切な自然が残っている海です。

（二）日本政府は、環境保全に尽くすため、環境監視等委員会を設置し県民に環境保全をアピールしましたが、先日環境監視等委員会に提出していた書類や県側に提出した書類を改ざんしていたことが発覚しました、今までも言ってることとやってることがちがうと指摘されてましたが現状の政府はまったく信用できません。非人道的な現政府は沖縄の豊かな自然、沖縄の命と言える海、人権、民意などすべて踏みにじり、差別した行いを許すわけにはいきません。

(三) この地元で生活し大切に守ってきた豊かな自然、美しい海を先祖から守っていく大切さを教わってきた現在の我々に、声も聞かず、説明もなく、東京の密室で埋立承認をさせ、強行に自然を破壊する行為を世界が認めるのか。

(四) 先日イスラム国を名乗るグループが世界遺産に登録されている文化的、歴史的建造物を破壊した報道がありました、その報道に対し日本政府は遺憾、この様な行為は絶対に許すわけにはいかないと言っています。当たり前です。しかしその日本政府が自国とくに沖縄の世界遺産に申請すれば登録される可能性の高いサンゴ群落が広がる美しい海を数人の権力者の勝手で破壊しています。まるでイスラム国を名乗るグループと同じではないか。

一か月後、返事が来た。二〇一五年四月二四日の日付。

UNITED NATIONS ENVIRONMENT PROGRAMME

親愛なる新名様、松田様

辺野古における新基地建設とそれが地元の環境に与える影響に関する皆さんの懸念に力点を置いた、二〇一五年三月二五日付国際連合環境計画宛の手紙に感謝したいと思います。世界そして地域レベルの環境問題に取り組むための国際連合の指定部門として、我々はジュゴンのような絶滅危惧種や他の野生生物がその存亡をかける生息地を含む危機的なエコシステムの保存の重要性を十分認識しています。

我々は適切な方法で皆さんの懸念を日本の環境省との間で分け合って対処します。同時に、皆さんが手紙で取り上げた懸念への取り組みにおいて、皆さんの政府の関係官庁に直接働きかけるといいでしょう。

カヴェ・ザヘディ

所長・代表

アジア太平洋地域事務所

新名区長は今後、東京へ出向き日本記者クラブ、外国人記者クラブでのアピールを考えている。辺野古新基地を阻止し、大浦湾を守ろうとする声が広く届こうとしている。

サンゴの破壊　コンクリートの大型トンブロックで押しつぶされるサンゴ。2015年２月14日午後11時11分、名護市の大浦湾（撮影：金良孝矢）

クマノミ　日本で見られるクマノミは全部で６種類。大浦湾はその全６種類が観測できる唯一の場所。写真は“クマノミ城”と呼ばれるダイビングスポット。

ジュゴン　ジュゴンの食性は植物食で、海草（アマモ、ウミジグサ、ウミヒルモ、リュウキュウスガモなど）を食べる。2007 年 5 月、ヘリから（撮影：東恩納琢磨）

ユビエダハマサンゴと色とりどりのクマノミ　ユビエダハマサンゴは透明度の高い場所を好むと言われているが、大浦湾では泥場に移るこの場所にサンゴ群集が広がっている。珍しいといわれる。

5　奄美・琉球世界自然遺産

政府は二〇一三年一月末に「奄美・琉球諸島」を世界遺産暫定リストに載せることを決定した。ユネスコ世界遺産センターからの情報照会を受け、今後「奄美・琉球世界自然遺産候補地科学委員会」において検討を行う（『世界遺産年報２０１４』アサヒオリジナル、二〇一三年より）。情報照会とは、世界遺産リストへ登録推薦された遺産に対し、登録に至らないために世界遺産委員会が追加情報を求める決議のこと。次回の世界遺産委員会に推薦書を再提出し、審査を受けることが出来る。登録が実現すれば沖縄は文化・自然の二つの世界遺産を持つことになる。

二〇〇〇年に「琉球王国のグスク及び関連遺産群」が世界文化遺産として登録された。一五年たったが、残念ながら観光客の認知度は日本各地の世界遺産に比べて低い。沖縄観光といえば首里城に美ら海水族館、国際通りで買い物が定番だ。北谷のアメリカンヴィレッジ、最近ではライカムのイオンモール。ダイビングで離島の海へ、自然探索でやんばるの森へ、という人も増えたが、琉球王国のグスク巡りは知名度が低い。世界遺産に登録された北部のグスク群は登録時に比べて二倍と、たいして人が増えていない。

逆に南部の斎場御嶽《せいふぁうたき》は人が多すぎて（五〇万人強）、聖地が踏み荒らされている。沖縄観光の問題点の一つは南部に観光客が集中し、北部に回らないことだ。沖縄からの情報発信が基地関

斎場御嶽《せいふぁうたき》・国家的祭祀の場　三庫理《さんぐーい》（撮影：緒方）

連に集中している（事実、日々生活が脅かされているから無理もないが）ことも原因かもしれない。

歴史を知れば首里、今帰仁、座喜味、勝連、中城の城跡は拝所で、住民たちの精神的よりどころだったことが分かる。知らなければ瓦礫の山にすぎない。実際に勝連城跡では石垣が持ち去られ目の前の海の埋め立てに使われたこともあった。座喜味城跡などは聖域を米軍のジープが走り回っていた。上記の五か所は全て世界遺産の構成資産。ほかに玉陵《たまうどぅん》、園比屋武御嶽石門《そのひゃんうたきいしもん》、識名園、斎場御嶽の四か所、合計九か所の資産が世界遺産に登録されている。

世界遺産の登録基準は文化遺産が六項目、自然遺産が四項目の合わせて十項目がある。このうち一つでも基準を満たせば登録される。両方の基準を満たす複合遺産もある。

「琉球王国のグスク及び関連遺産群」は、基準ⅱ、ⅲ、ⅵが認められた。ⅱは日本、朝鮮半島、中国本土、東南アジアとの中継貿易による文化交流。ⅲはグスクの考古学的価値、およびいまなお琉球文化の重要な核心をなしていること。vi は第二次世界大戦の戦場となったが、復興する上でこれらの構成資産が重要な精神的よりどころとなってきたことが評価された。

第2章　琉球・沖縄の歴史

1　明和の大津波

これまでの一連のレポートは、私が直接見聞したものを中心にお伝えしている。沖縄から様々な現場の実況中継のつもりで書いているが、今回ばかりはそうはいかない。なにしろ発生したのが一七七一年（明和八年）、二四〇年以上も前の話だ。ただし証拠はあちこちに残っている。石垣島の大浜にある崎浜公園には津波大石と呼ばれている巨岩がある。御嶽《うたき》として崇められ、コンクリートの階段が付いて上まで登れるようになっている。

最初の数段が欠けているので、そこはつかまってよじ登らなければならない。推定重量七五〇トン。すぐそばの白保の岸近くの海岸には点々と岩がころがっている。津波で運ばれた岩だ。もっとはっきりと分かるのが宮古島近くの下地島の海岸だ。

一月三一日に宮古島から伊良部島に橋がかかった。さらに伊良部島から下地島には短い橋があるので、すぐに渡ることが出来る（下地島には三〇〇〇メートルの大滑走路がある。本書第4章4参照）。

さて下地島に向かう道路から右手の海岸を見ると、遠浅の海岸に何十個もの岩が並んでいる。これもまた二四〇年以上も前の大津波の「置き土産」だ。毎日の潮の満ち引きにも、台風にも動かぬ岩たち。陸に打ち上げられた岩も多い。大半は下地島の滑走路を造るときに破砕されて埋められた。

ほかにも宮古島の帯岩と呼ばれる巨岩、一〇〇〇トンくらいか。目の前に鳥居が立っていて、御嶽となっている。そもそも御嶽には日本の神社の象徴である鳥居などは必要ないのだが、これは和琉折衷だろう。東平安名崎の灯台の手前にも漁船くらいの大きさの岩、左下に下った場所にも巨大な岩が半島から剥がれるように立っている。全て明和の大津波の跡だ。

いったいどれくらいの規模だったのか。

マグニチュード7・4、8、8・5と諸説がある。フィリピン海プレートがユーラシアプレートの下に沈みこむために起きた海溝地震、とされる。石垣島の震度は四。だとすれば並みの地震だが、波の高さは二八丈二尺（八五・四メートル）との記載もある。実際には半分、あるいは三五メートル程度と推測されている。犠牲者は八重山で九四〇〇人、生存者は一万八六〇七人、つまり三分の一が亡くなった。

その後飢饉や悪い病気が流行ったりして、明治時代まで影響が及んだ。なお「明和」の大地震は後世に名づけられたもので、この頃は中国と同じ暦を使っており、「乾隆三十六年」と石碑には記されている。

この地域での津波の襲来は過去二四〇〇年で九回起きた。ということは、二六七年に一度だ。明和の大津波が二四四年前。単純に計算すると約二〇年後には再び海底が地すべりを起こし、沖縄全体を大津波が襲うかもしれない。

人魚と大津波

明和の大津波は、いまに語り継がれている。『八重山昔ばなし』（制作 南山社）の「人魚と大津波」から引用しよう。

石垣島の白保村のとなりに野原という小さな村がある（標高一〇〇メートルくらい）。三人の若い漁師が「ざん」（人魚）をつかまえた。上半身は美しい女、下半身は魚。人魚は大粒の涙を流して海の中に帰してくれるように頼んだ。三人の若者は、海の中に放してやる。すると人魚は「助けていただいたお礼に、海の国のものしかわからない秘密をお教えしましょう。今、海の神様がたいへん怒っていて、ほどなく大津波があなた方の村を襲うでしょう。だから少しでも早く村に帰って、山の方へ移って下さい」と言って海の中へ深くもぐり、姿を消した。夕方になると、突然、遠く水平線に壁のような大波が現れたかと思うと、島に向かって襲い掛かってきた。

「ざん」は八重山ではジュゴンのこと。宮古島ではよないたま、と称されるようだ。りんけんバンドの唄にも「ざん」という曲がある。琉球王は自らの長寿を求めて、人魚が取れたら必ず上納させた、という（同書二六ページ）。中国への貢納にも使われた。

八重山の新城島には多数のジュゴンの骨が残されており、DNA鑑定も進んでいる。フィリピンあたりから八〇〇キロくらいは回遊する。辺野古沖のジュゴンは現在、わずかに二〜三頭くらいしか目撃されていないが、西表島沖などにもいるのではないか。なにしろ人がいて実際に見たものしかカウントされないので分からない。

2　徐葆光奉使琉球詩船中集

突然、スズメが軽快に飛び舞うのが見えた。
チョウが喜んで飛んでくるのはなぜか。
虹のように美しい裳裾《もすそ》がマストの頂きで揺れ動く。
風の向きは変わり、天妃は私たち仲間を救った。
軍楽がかまびすしい響きを競い、
すべての旗がひらひらと翻る。
斜めに進めば読谷山、

左に転じれば椅山（伊江島）と本島の間に到る。
多くの灯りが船の狼煙《のろし》に応じている。
山では夜通しでたいまつに点火している。

「徐葆光　奉使琉球詩　舶中集」詳解　鄔揚華著（出版社 Mugen）三五ページより

三〇〇年前に冊封副使として琉球を訪れた徐葆光が詠んだ詩集だ。那覇港を望むところまで来ながら、突然風が止まってしまう。媽祖（天妃）に祈る。すると祈りが媽祖に通じ、風が吹き始める。日が落ちれば、山々にはたいまつが灯され、歓迎の準備が始まっているのが船から見える。

現在の福建省五虎門を出発して七日、琉球に着いた喜びに溢れた詩だ。

徐葆光とその時代

七月六日に東アジア共同体研究所 琉球・沖縄センターで二度目の研究会を開催した。ゲストには徐葆光の研究で知られる鄔揚華《ウーヤンファ》さんを迎えた。京都大学大学院を出た才媛で、ドキュメンタリー映画「徐葆光が見た琉球」の総合監督。この作品は第一回シルクロード国際映画祭「糸路賞」などを受賞した。

DVDを約一〇分間上映した後、三四枚のパワーポイントを紹介しながら講演して頂いた。

引用はパワーポイントでの提示、その後に続くのは私の感想。

冊封使とは

・中国皇帝が琉球国王を冊封するために派遣された使節のこと。
・一三七二年〜一八六六年（明〜清）まで派遣が続いた。
・二三回行われ、四〇名余りの冊封使正使か副使が派遣されてきた。

一八六六年といえばほとんど慶応二年。三月七日（慶応二年一月二二日）に薩長同盟成立、二日後の九日（慶応二年一月二三日）に坂本龍馬襲撃事件（寺田屋事件）が発生する。明治維新直前の激動期だ。それより約五〇〇年間もの間、中国との交流が続いていたことに驚く。

徐葆光（一六七一〜一七四〇）は一七一九年、琉球国中山王の尚敬の冊封のため、琉球に渡ってきたという。日本の元号では享保四年。新井白石により「南島志」が発表された。

徐葆光が琉球を訪れた一七一九年
尚敬王の時代：琉球のルネッサンス時代
蔡温：琉球最大の政治家
程順則：国際的な教育家で琉球の孔子

玉城朝薫：組踊を創作した琉球のシェークスピア
高嶺徳明：日本初の全身麻酔手術に成功した名医

当時の琉球では氏名は中国そのまま、年号も中国。程順則は「六諭衍義《りくゆえんぎ》」を持ち帰り、和訳が江戸時代全国の藩校や寺子屋で教科書として用いられた。新井白石とも江戸で会っており、前記の「南島志」にも影響を及ぼした。この時代が中国との交流が花開いた時期だ。薩摩に支配されながらも大陸との交流も続いている。

奉使琉球使の価値
・四〇〇首あまりの漢詩がある。
・三〇〇年前の琉球の山水泉など自然景観、王府、天使館、寺院など建物景観を再現している。伝統儀式の描写も詳しい。
・接封太夫陳其湘、紫金太夫程順則、蔡文溥など数多くの人物も登場している。

そもそもこれらの人物たちは中国留学の経験も豊富だった。程順則は儒学を学ぶために滞在二回、合計七年間福建に滞在し、進貢使としても二回赴いている。徐葆光との付き合いが最も長かった。

垣間見る三〇〇年前の琉球

徐葆光の漢詩と共にタイムスリップ

一、魅惑の琉球女
二、嫋やか動植物
三、星にロマンス
四、食は雅で多彩
五、朝に夕に遊ぶ

一について、徐葆光はかなり楽しんだらしい。子夜歌（十二首）その一から和訳のみ紹介。

「『歓』はどこから来たのか　微笑むとすぐに許し合える「歓」とはただ一緒に寝ただけだ（言葉は通じないから）まだ語り合ったことはない」

「歓」はこの女性の名前ではないようだ。おそらくは「ちじ」（現在も波の上宮近くにある料亭など）の女性。この頃の女性は一五歳になったらハジチ（手の甲の刺青）を入れる。

「（ハジチの模様は）渦巻く旋風が落とした梅の花に似ている」

徐葆光は宿泊地の天使館から約三キロの波上宮によく通った。そこから海を隔ててはるか西に故郷がある。

「毎夕、波上に遊びに来る。消え残った霞が海に浮かんでいる。日が落ちるにつれて故郷を懐かしむ心が薄くなってくる。異郷の地、海東に居ることを忘れている」

中国の南方では芭蕉を見かける。この木は中国ではよく美人に例えられる。琉球の家の庭には芭蕉がたくさん植えられ、まるで緑の雲、と表現している。現在の那覇バスセンター角の「中島の大石」がかつての「中島蕉園」の名残だ。

芭蕉の影が垣根の上で一つに重なる。人家は緑の雲に囲まれている。機の音が名月を織りなしている。布はすべて紋入りの薄絹である。

「中島の大石」については拙著『客家見聞録』（現代書館、一九九八年）で触れたことがある。この岩こそ龍が右手に抱え持つ玉＝抱き岩ではないか。

現在、福州園の前にある松山公園。大通り沿いにガジュマルがひげを垂らしている。その脇に石碑がある。そこに久米村竹籬と題する絵が刻まれている。久米村を海側から見た光景だ。友人の建築家（客家人）はここに大きな龍が隠されていると推測した。

現在の地図に置き換えて見ると、はね上がった龍尾が波の上神宮。ここで大陸からの気を受け、大きな龍の背骨へと気が通っていく。久米崇聖会の敷地のあたりかやや南側に後ろ脚を張っていた。龍骨は旧久米大通りを通ってやや体をうねらせながら福州園、松山公園を抜ける。上半身は一直線に体を振ってバスセンターへ。そこに前脚を広げ右手に玉を抱き、龍頭はやや右前に向けていたのではなかろうか……（『客家見聞録』一一八ページ）

一六七三年に書かれた唐栄旧記全集には「中島の西に一塊の大石有り、これ南門に対峙し、以って龍珠と為す」とあり、「江中より起こりて、能く急流の気を鎖す。而して太だに情有り。此の数の若きは、夫れ風水の理に係るなり。軽きに非ず」とある。三三〇年前の警告だ。

現在、この岩を取り除こうとする計画がある。バスセンターの一角を占めているので邪魔だという。復帰後にバスセンターを作るときにも問題になったが、災いを避けるため昔のままに残した、と聞いた。

さてこの岩を取り除くと沖縄はどうなるだろうか。風水が乱れ、巨龍が暴れ出し、地震や津波が襲うことにならなければ良いが……。

徐葆光の愛した琉球

少し飛ばして食について。

四、食は雅で多彩

一．酒　二．海産物　三．農産物　四．肉

琉球のお酒

・焼酒、銀酒

蒸留酒のことで、中国語では白酒とも呼ばれる。琉球の泡盛も焼酒に含まれる。ここにいう焼酒とは、泡盛であったと推測される。

・米肌

白酒のようで、原料は米、大麦、栗、黍、甘藷など。これらの原料を煮て、容器に入れてさまし、別にとっておいた生の原料を、若い女性が噛み砕いて容器に入れ、密封して熟成させたものだ。三日目くらいから神酒として用いられたと言われる。

・黄酒

紹興酒のこと。糯米や糯黍などから醸造した酒。色は淡褐色で、日本の清酒にやや近い。

魚については一篇だけ残されている。

「市場の魚はいろんな色が入り交じっていて美しい
金色など色が交ざっているので描こうとしても難しい
さらに薄切りにしてもきらきらしていてかわいらしい

暗闇でも残った膾がきらきらと光っている」

鄔揚華さんによれば「徐葆光の出身地、蘇州は川魚しかないので生では食べない」。ちなみに膾は沖縄では現在もほとんど見かけない。

最後に鄔揚華さんはこの詩を選んだ。

「この国はなぜみんなで音楽を楽しめるほど平和なのだろうか。

中国と琉球とは一家のようで、親善交流を続けてきた」

徐葆光は六九歳で亡くなった。子孫はいない。しかし琉球の女性と親しく付き合っていたことは事実だ。帰国後、知らないうちに子供が出来ていたかもしれない。三〇〇年後、琉球・沖縄の歴史を塗り替えるようなこの本を彼女が発見し、翻訳出版した。なにか縁を感じる。

鄔揚華さんは一九九九年、日本に留学する直前に父親からこう言われた。

「お前の体の中に流れている八分の一の血は日本人の血だよ」

曾祖母が日本人だったのだ。第二次世界大戦後に、日本へ引き揚げた。唯一の手がかりは祖父母が長崎港から上陸したということだけ。しかしいまだに手がかりがつかめない。

3　琉米・琉仏・琉蘭修好条約

二〇一五年二月二七日から三月二九日まで、浦添市美術館で「琉球・幕末 明治維新 沖縄特別展」が開かれた。目玉は琉米・琉仏・琉蘭修好条約の展示だ。外務省外交史料館蔵とある。大事な条約が沖縄へ里帰りした。

これらをなぜ日本の外務省が持っているかというと沖縄は日本だから。ところがにわかに最近、沖縄は日本ではないぞ、という論議が盛んになってきた。昔は独立国だったじゃないか、それを脅迫して無理やり日本に組み込んでしまった。「元の姿にしておくれ」という訳だ。元をただせばこれらの条約も、アメリカ、フランス、オランダとの間で無理やり結ばされた。しかし今になってみると、これらの条約は琉球が独立国だった何よりの証拠だ（だからこそ日本の外務省は真っ先に取り上げたのだが）。

現在、沖縄の抱える問題は、日本で処理できない難問ばかりだ。米軍基地はよろしく、日本国内ではお引き受けできかねます、その分お金をあげてるからいいじゃないの、と「知らんふーな」を決め込んでいる。大新聞も右へならえ、で沖縄の痛みはほとんど伝わらない。

沖縄側も基地の地主は、反対運動が盛り上がれば地代もあがる、とほくそえんでいる。「軍用地求む」のビラが電柱に貼ってあるところを見ると、よほど良い投資に違いない。こうして

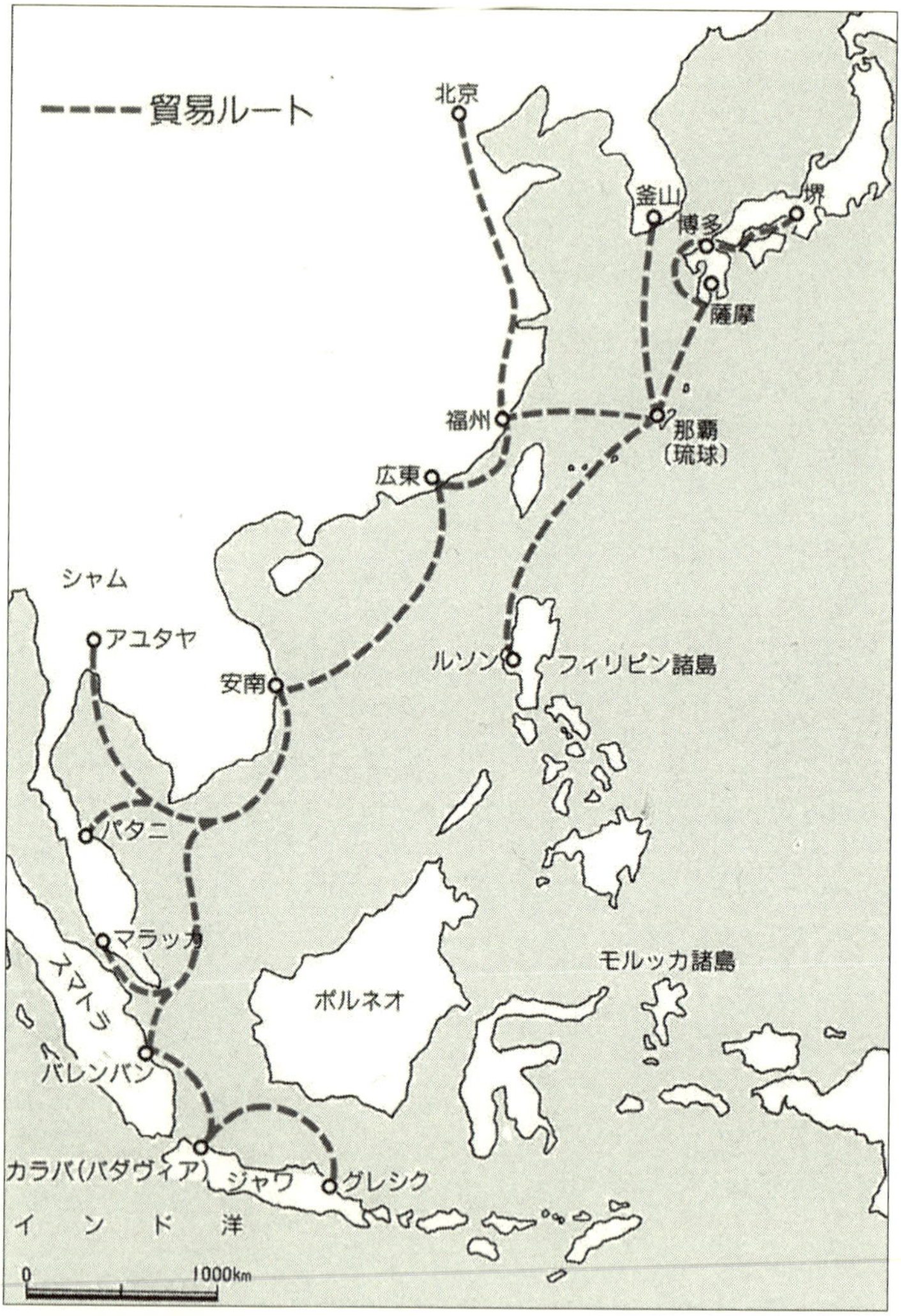

琉球の対外貿易要図
高良倉吉・田名真之［編］『図説　琉球王国』（河出書房新社）19頁より

軍用地の地主はうるおい、基地周辺の住民は永遠に迷惑状態が続く。悪循環を断ち切るには、「基地を返せ、その分金が入ってこなくてもこちらで工夫する」と覚悟を決めるしかない。

しかし一度もらい始めたあぶく銭は麻薬のように人の神経を侵す。嘉手納基地の周辺で電柱によりかかって寝ている青年をタクシーから見かけた。運転手が言っていた。（基地の収入で）「ああやって昼から酒飲んでるんですよ」。

不条理な条約

話がすっかり脱線したが、肝心の琉米修好条約の全文をご紹介する（琉仏・琉蘭も条約を交わしたが、批准されたのは唯一琉米条約のみ）。原本は撮影禁止だったので、この文書は近くの浦添図書館で見つけた「ペリーと大琉球」（琉球放送株式会社、発売元・ボーダーインク）による。八七〜八九ページ、照屋善彦執筆。照屋先生（よく知っているのでこう呼ばせて頂く）によれば、琉球王国と称しながら琉球の役人は、独立国という言葉は外してくれ、と頼んでいる。

当初草案には、琉球を独立国として認める前文がついていた。独立国の件に関しては、琉球側は清国と冊封関係にあることから条約文の中に入れることに強く反対し、結局この前文は省かれることになった。

いずれにしてもこの条約は、「ペリーの来島以来、琉球王府に対して行った米側の一方的かつ高圧的な要求の成果を盛り込んだ不条理な条約となっている」と指摘がある。

琉米修好条約全文

合衆国と琉球王国間の条約、一八五四年七月一一日、大琉球国那覇に於いて調印。

一　今後、合衆国人民が琉球に来る時は、常に大いなる好意と友誼をもって遇すべきこと。米人が必要とする物品は、役人であれ住民であれ琉球が供給できるものであれば、米人に販売すること。また琉球官憲は住民に対して何らの禁止的な規制を設けないこと。さらに、琉米双方で購買したいと望む品物は、何であれ適正価格で取引すること。

二　合衆国の船舶が琉球のいかなる港に寄る際には、いつでも薪・水を適正価格で供給すること。さらに、その船がその他の物品を欲する場合には、那覇でのみ購入することができること。

三　合衆国の船が、大琉球島または琉球王国政府の管轄下にある島嶼において難破した時は、その他の官憲は人員を派遣して生命財産の救助を手伝わせ、合衆国船が来て、救助された全てのものを連れ去るまで、難破船から陸上に引き上げることができたものを保管すること。そして、これら不憫な人々の救助に要した費用は、同人らが属する国家が支弁すべきこと。

四　合衆国船舶の乗組員が琉球に上陸するときは何時でも、妨害を受けず、また役人をつかわして尾行させたり、または乗組員を監視させたりせず、自由に遊行させること。ただし彼らが暴力的に民家に押し入ったり、婦女にたわむれたり、人民に強制的に物を売らせたり、その他、類似の不法行為を犯した際には、地方官憲の手で逮捕すること。但し虐待してはならず、彼らが所属せる船の船長に報告し、彼に処罰させること。

五　泊村に合衆国市民の埋葬地があるが、同地にある彼らの墳墓を破壊しないこと。

六　琉球国政府は熟練した水先案内人を任命し、琉球島の沖合に現れる船舶を見張らせること。もしその船が那覇へ向かって来るのを認めたら、案内人はその船を安全な投錨地に導くため良い舟艇でもって暗礁の外まで出迎えること。この労役にたいして、その船長は水先案内人に五ドルを支払い、また港から暗礁の外に出る時も同様にすること。

七　船舶が那覇に投錨する時は何時でも、地方官憲は薪一千斤につき銅銭三千六百文でその船に供給すること。また水一千升につき銅銭六百文でこれを供給すること。

合衆国全権欽差大臣兼水師提督　彼理（ペリーの漢訳名）

琉球国中山府総理大臣　尚宏勳、布政太夫　馬良才

紀年一千八百五十四年七月十一日、咸豊四年六月十七日在那覇公館立

最初のレイプ犯　ウィリアム・ボードの墓　泊港の北岸・外人墓地にて（撮影：緒方）

四と五については、その頃のペリー艦隊に対する琉球側の態度がよく分かる。

ペリー側は島の周りを廻って水深などを測量した。また探検隊を出して今の中城まで出かけ、大きな岩の割れ目に旗を立てた（ペリーの旗立岩）。さらに中城城に赴き築城の見事さを褒め称えた。同行の挿絵画家ペイネの絵が今に残っている。西表島にも出かけて炭鉱があることをちゃんと突き止めている。つまりやりたい放題。江戸幕府が開国に応じない場合は、琉球を占領して、基地にしようと考えていた。一六〇年も前から沖縄はアメリカに目をつけられていたのだ。

この条約の二か月前にペリー艦隊の一員が「婦女暴行事件」を引き起こした。今に続く海兵隊の暴行第一号と呼ぶべきボード事件だ。泡盛を盗んで飲み、女性を犯し、村人から石を投げられ、海中に逃げて溺れ死んだ、とされる。どうも水死ではなく石で頭を割られたらしい。琉球人が一矢報いた形だろうか。

ともあれペリー艦隊の来沖は砲艦外交、つまり乱暴狼藉と脅迫と無断測量と、それはそれはひどい、「鉄の暴風」の前触れというべき黒雲だった。

さて神奈川条約（日米和親条約）の英文では条約はtreaty、しかし琉米修好条約ではcompact。この違いは何か。照屋先生の解説によれば、「米国にとって対等以下の国や集団との取り決めに使われており、しばしばインディアンの部族と政府との取り決めに使用例がある。ただし、本条約に全権大使であるペリーが調印しており、また一八五五年三月九日には米政府が批准しているので、米側にとって神奈川条約と同様に条約としての効力を有する」。

これで、①米側が琉球をインディアンの部族と同様に見なしていたらしい。②条約は正式に批准されている、ということが分かる。インディアンとの条約と同様であれば、これはまた国連での「琉球民族の先住民族としての権利主張」にますます力が入るだろう。

繰り返すが、やむを得ず結ばされた条約ではあるが、かえって独立国であったことを実証している。そして今、日本の行った「琉球処分」そのものが問われることになるだろう。

4 沖縄の被ばく——マグロ漁船の謎

二〇一五年一月一〇日から名桜大学の四つの教室で二日間にわたって三〇本以上の沖縄&奄美の映画が上映される。沖縄の被ばくマグロ漁船の謎に迫った南海放送の伊東英朗ディレクターの講演の時間になると、会場はかなりの人数に達した。

第五福竜丸がビキニ環礁で核実験を見たのは一九五二年。もはや六〇年も昔になる。被ばくした船は第五福竜丸だけではない。その海域で操業していた船は一〇〇〇隻近い。つまり一隻に二〇人乗っていたとすれば二万人が被ばくした可能性がある。ヒロシマ、ナガサキに次ぐ第三の核被害ではないか。不思議なのは沖縄では放射性物質の報告はゼロ。ガイガーカウンターを使って測定したのは米軍。「ザッツオーケー」という見出しが新聞に載った。マグロも無事、雨水も問題なしと太鼓判を押したのだ。その頃、沖縄では水道が普及しておらず九割が雨水に頼っていた。ウチナーンチュは安心して飲み続けた。被害者も被害状況ももはや霧の中。X年後の事態について加害者の責任は問えないのか？

伊東氏の追及は続く。一九四六年から六二年まで太平洋上で米英が行った核実験は約一二〇回。沖縄では、雨水と土壌の放射能汚染を米軍が隠し続けていたのではないか。

翌日、シンポジウム「ＯＫＩＮＡＷＡをどう米国に伝えるか」が始まる。ロサンジェルスの平安名純代さん（沖縄タイムス米国特約記者）をスカイプで結ぶ。「今回の知事選挙で国務省内に衝撃が走った、沖縄側からのメッセージは米国内の有力シンクタンクと相談しながらまとめて提出するのが良い」などのアドバイス。ライシャワー東アジア研究所ケント・カルダー氏の「安倍政権は沖縄県民が反対してもやるだろう」との見方なども伝えてくれた。アメリカからの映像が大型テレビで映るかどうか、音声はどうか、直前までトラブルが続き、気をもんだが、結果は大成功だった。

玉城義和議員が辺野古のキャンプ・シュワブ前での（最前線の）戦いを、孤立させず、住民運動で包み込むことが大事だと強調。

沖縄の戦後は終わっていない

各会場で未見の番組を見た。米兵からメリケン粉をもらったばかりにスパイ扱いされ、集落全員が日本兵に襲われた事件があった。砂浜で三五人が四列縦隊に並ばされ、手りゅう弾をばらまかれた。最前列の女性は破片が通り過ぎ、無事。二列目の四歳くらいの女の子が血だらけになっていた。その二人の女性が六〇年ぶりに会うシーン（ＮＨＫスペシャル）。客席からすすり泣きの声が漏れていた。

戦後七〇年、沖縄では戦後は終わっていない。今回の映画祭の主要な作品を東京などで上映し、沖縄の現状をしっかり見つめてもらいたいと考えている。

＊沖縄映像祭はこの後、長野大学、法政大学、金沢大学を会場として開催され、約四千人の観客を集めた。

5　瀬長亀次郎の不屈の闘志

「不屈館　瀬長亀次郎と民衆資料」という小さな博物館が、那覇市若狭海浜公園に隣接した場所にある。タクシーで向かう場合は「不屈館」より「カメジローの……」と伝えた方が分かりやすいかもしれない。今回は沖縄のスーパースター、瀬長亀次郎を紹介する。

沖縄では共産党アレルギーがほとんどなく、反共攻撃は効果を生まない。おそらく米占領軍に対して闘うカメジローの思い出がまだ人々の間に残っているからだろう。

一九五六年一二月二五日、那覇市長選挙が行われた。いまから約六〇年前だ。「選挙中からデマや中傷は激しく、ヘリコプターで卑劣な謀略ビラが撒き散らされるなどアメリカの反共攻撃、干渉はものすごいものでした。さらに瀬長が当選したら水道も止まる、電気も消える、市庁舎に赤旗が立つ、と宣伝されました」

不屈館ガイドブックの「解説 フミ夫人が見た瀬長市政」というコラムにこう書かれている。瀬長の当選翌日から米軍のいやがらせが始まる。議会の承認を得ていた水道敷設は、アメリカの圧力によって中止。「一九五七年一月一五日（火）水攻め」と瀬長は日記に記す。「やはり市長になると水道がとまると気にやむ。四時ごろめがさめる。すぐ水道センをひねる。スースーいっているが空気しか出ない。水圧が足りないのだ」

米軍が発表した、那覇市への補助金を打ち切る〝資金凍結〟に対しては市民たちが自主的に納税運動を展開した。

「瀬長さんを守るにはみんなして税金を納めるしかない」

この結果、市政始まって以来の九七パーセント近い税金が集まった。ところが各金融機関は「瀬長市長に協力することはできない」と新聞に声明文を発表。人民党員や同調者には金も貸さない、預からないと宣言。

那覇市役所に税金はどんどん集まるが、金融機関には持っていけない。そこで市は一つしかなかった金庫を五個に増やして管理した。さあこれを誰がどう守るか。豊見城村字我那覇出身の運天という人が大きなシェパードを飼っていたので彼が毎晩犬を連れて寝ずの番をした。運天さんはすっかり有名になった。

その後、議会から不信任案が出される。これは前知事の父親の仲井真元楷《げんかい》氏が米琉球首席のバージャー民政官と画策したものだった。

最後にアメリカは伝家の宝刀である「布令」を出して瀬長を追放する。

瀬長市長の在任期間はわずか一一か月だったが、その間に激励の手紙が五千通寄せられている。半分以上が本土からのものだ。当時、瀬長支持を表明することは弾圧されるおそれがあった。

「だから匿名の手紙が多いんですよ」と館長の内村千尋さんが教えてくれた。内村さんは瀬長亀次郎の次女。いずれUIチャンネルでご紹介したい（第一一四回UIチャンネル放送（二〇一五年八月三日「沖縄『島ぐるみ闘争』の原点を訪ねて――那覇『不屈館』内村千尋館長に訊く」で紹介）。

不屈館にはカメジローの書斎が再現され、日記や未発表原稿、獄中で読んだ本、岩波書店とのやりとりの手紙、それにカメジローグッズがある。ゆるキャラは手作りで一度に三〇個しか出来ないので、たちまち売り切れる。最近、内村さんから聞いた話。著書『民族の悲劇』（新日本出版社）は一年に千冊も売れた。増刷を依頼された出版社が驚いていたそうだ。

〒九〇〇―〇〇三一　那覇市若狭二丁目二一―五
電話：〇九八―九四三―八三七四　Email：info@senaga-kamejiro.com
入場料：五〇〇円。

瀬長市長不信任の黒幕

なぜ五九年も昔のことを掘り返すのかというと、瀬長の追放劇に仲井真前知事と稲嶺元知事の父親が登場するからだ。

那覇市役所が編集・発行した「不屈館ガイドブック」には、市民の友という新聞が三三ページにわたって再録されている（一九五七年三月～一一月まで）。いまどきの市政だよりのような毒にも薬にもならない新聞と違い、スクープあり主張ありで面白い。瀬長市長不信任案はこうして作られた、という囲み記事から紹介する。

（一九五七年）六月十七日午後一時四十二分、瀬長市長不信任案が怒声と野次の騒然たるなかで二十四対六で成立した。（略）今度の予算議会で遂に成立したのは、二日会系議員八名中、仲井真元楷議員をはじめとする五名の議員が、軍及び財界の誘惑と圧力に屈したのが直接の原因である。以下は如何にして二日会の議員が切り崩されたかを中心とする舞台裏の真相である。

まず市会開会前日に金融協会が「瀬長氏が市長である限り、那覇市には融資もしなければ、予金も預かりはしない」旨の声明書を市会と各議員に送った。ところがある銀行の重役は「内緒だが金はいままで通り預かる」と早くも足並みの乱れが見える。

仲井真議員は数回バージャー民政官と会っている。

市会休会中の六月十三日同議員はバージャー民政官に某所に招ばれたその席には琉石社長稲嶺一郎（注—稲嶺恵一元知事の父）、崎間敏勝、サンキ大尉（バージャー民政官副官）、原田大尉（モーア副官）、渡口麗秀、比嘉朝四郎、辺野喜英興氏らの市議もいてそこで不信任案提出の密談がもたれた。

那覇市役所の「市民の友」の取材能力の高さに驚く。米軍と政財界の密談を暴き、その後の仲井真議員の「奔走」を次のように記す。

二日会のほかの議員にはかることなく単独で不信任を約束し、ほかの七議員の説得も約束（上原光男氏（食肉会社社長）は軍に食肉を納入する関係上、軍の圧力を懸念して既に瀬長不信任を表明）。

十六日には私宅で会合、ほかの議員が「理由がたたないと中々踏み切らない」。そこへ原田大尉がやってきて「（注—仲井真）元楷、喜久山氏と共に他の四名とは席を変えて話し合った」。比嘉佑直氏は「軍から那覇市への補助金取り消しの指令を出すならば不信任賛成といった」。そこで仲井真氏はバージャー民政官の下に報告に参上。補助金取り消しの指令を出してくれ、と頼んだ。バージャー民政官は言明を渋ったがサンキ大尉は出来るだろうと言った。

仲井真氏はほかの議員（バス会社の社長）を脅したり、琉石（注—琉球石油）の嘱託として毎月五千円支給すると持ちかけたり、あの手この手の切り崩しをしている。

仲井真氏（稲嶺氏も）は米軍を利用して瀬長追い出しを諮っている。米軍が「（赤の市長だから）補助金は出しませんよ」と指令を出してくれればあとはこちらのもの。そら見たことか言わんこっちゃない、米軍にたてつくと補助金は切られ、那覇市はたちゆかなくなる。早く瀬長を市長から降ろさなければ大変なことになるよ、と策動したのだ。

コラムは「以上の市長不信任工作は軍と財閥と売国議員のたくみなけったくによる自治体破壊工作のこよなき範例である」と結んでいる。

鳩山内閣を窮地におとしいれた外務、防衛官僚の「破壊工作」を思い出す。

仲井真元楷氏は市会議員を辞めた後、ラジオの方言ニュースなどで活躍した。ウチナーンチュの多くは彼の悪行を知らず、文化人として記憶している。

6　抵抗の姿勢

不屈館は単なる歴史を回顧する博物館ではない。もう一つの役割は運動のサポートを続けていることだ。

不屈館は辺野古の新基地反対の座り込みの現地、キャンプ・シュワブ前のテントと直結している。大浦湾に浮かぶ新基地反対の船の一つに「不屈」がある。不屈丸でも不屈号でもない。海上保安庁がいつも「不屈の船長」と注意している、と内村千尋館長（瀬長亀次郎・次女）が笑っていた。

館内には最近のヴィデオや新聞、集会の呼びかけなどが置かれている。ＮＨＫ大阪放送局制作の「その時歴史が動いた」は好評のようだ。タイトルは「忘れられた島の闘い〜沖縄返還への軌跡〜瀬長亀次郎と沖縄の人びと　祖国復帰までの二七年間」。いつも誰かがヴィデオを見ている。観客には受付から黒糖とお茶がふるまわれる。

ここで売っている絵葉書に、カメジローの第一回立法議員当選時のものがある。全員が立っているのに後ろでたった一人だけ座っている。この日の日記。

一九五二年四月一日、琉球大学校庭で琉球政府創立式典。全議員が脱帽して直立不動の姿勢をとっている。私は最後尾に着席していたのでみんなの後ろ姿がよく見えた。失礼な言い方だが緊張している様子がコッケイに思えた。

第一区の議員から順次名前が呼ばれ、それぞれ立って会釈をしていたが「瀬長亀次郎サン」と呼ばれても返事もせず座り続けた。県民にこそ服務するという基本的立場からであったが、ハーグ陸戦条約の「占領地の人民はこれを強制して、その敵国に対して忠誠の誓いをなさしめることを得ず」という国際条約があった。私のこの宣誓拒否は、いわゆる個人英雄主義的に独断でやったのではない。県民の意思を踏みにじり、全面的軍事占領下においたアメリカ帝国主義への抗議と抵抗の意思表明を人民党常任委員会の決定にしたがってやっただけのことである。

こうした振る舞いが、戦争は終ったが占領中にもかかわらず犯され殺され、土地を奪われ続けていた沖縄の民衆の喝采を浴びたことは間違いない。

名前を呼ばれれば反射的にすぐに立ち上がる、権力者の周りで思わずへつらい笑いをする……こうした身体に染みついた動作を断ち切るのは大変だ。

私には苦い経験がある。沖縄で行われた一九九三年の植樹祭の時だ。この時歴代の天皇として初めて現天皇が沖縄訪問を果たした（以前、皇太子の時にひめゆりの塔を訪問し、火炎ビン攻撃に見舞われたことは有名）。

私はマスメディアのテントに座って取材をしていた。冒頭に「君が代」が流れ始めると一斉に出席者が立ち上がった。私もすぐに立った。しかし大多数の記者達は座ったまま。なるほど沖縄のメディアは君が代を拒否し、それを行動で表している。日本国家の勝手な方針には従わないという意思が伝わってきた。

君が代で立ち上がったからといって、別に天皇制を支持している訳ではない。国歌を歌ったからといって、自民党政府のやり方に賛成している訳ではない。しかし反射的に立ち上がる動作そのものが既に奴隷の振る舞いかもしれぬ。

カメジローは、たった一人で米軍の宣誓を拒否し、座り続けたのだ。

怒りは人の眼を開く

不屈館の書棚には、瀬長が獄中で読んだものをふくめ沢山の本が並んでいる。岩波文庫の『戦争と平和』は表紙に「一九五四年十一月二十三日 教育課 許可済み 八九七瀬長亀次郎 田原」と印鑑が押された紙が貼ってある。おそらく八九七が囚人番号、田原が教育課の担当者だろう。表紙をめくった扉にも刑務所の押印がある。

絵葉書に「憎悪は人を盲目にするが、怒りは人の眼をひらく」と瀬長の直筆で書かれたものがあった。これは加藤周一著『抵抗の文学』（岩波新書）からの引用だ。不屈館ではこの本が売り場に並んでいる。瀬長はかなり影響を受けたに違いない。ガラス棚の中に古びた『抵抗の文学』があった。鍵を開けて取り出してもらい手にとってみた。この本には張り紙も押印もない。獄中で読んだものではなかった。

加藤周一といえば東大医学部出身の作家、評論家。英仏独はおろかラテン語にまで通じたインテリで、カナダの大学やベルリン自由大学の教授をしていた。

一九四〇年から四年間、ナチス占領軍の下にあったフランスで抵抗文学が生まれたが、加藤は研究室の書庫から「フランスの二大月刊雑誌であった『エヌ・エル・エフ（NRF）』と『ユーロップ』を借り出して、片っ端から読んでいる」（『加藤周一——二十世紀を問う』海老坂武著、岩波新書）ということで、戦中にもかかわらずフランスの同時代の熱気を感じながら過ごした数少ない人物だった。

モオリヤックの「抵抗の詩人たち」の文章の冒頭にこうある。

フレーヌの牢獄で、ゲシュタポの暗殺者たちがよろこびに身をまかせている拷問の部屋で、……人々は、はじめて彼らが自由であること、同志の名を渡さないことに自由であり、死をえらぶのに自由であることを、みいだした。

こうした信念がナチスを打ち負かした、と加藤は語る。

少くとも、一九四〇年に、モオリヤックは、純粋に客観的立場から客観的な資料をもととして、ヒトラーの破壊にうち勝つことのできる可能性を、みいだしたのではなかろう。彼がそれをみいだしたのは、資料によってではなく、信念によってであったとしか考えられない。（前同書）

日本の人口の一パーセント強、圧倒的少数派の沖縄が強大な日本政府にうち勝つには、ワシントンや東京に偏した情報の収集や分析ではなく、断固たる抵抗の信念しかない。

「情報は相互に矛盾し、あるいは信ずべく、あるいは信じ難いものであったろうが、人間性の敵は、必ずほろぶべきであった。」と加藤はこの章（収容所の壁）を結んでいる。

自由の敵

私は半世紀前、東京・お茶の水のアテネフランセに通い、一年半ほどフランス語を勉強した。少しわかるようになったころ、「自由」と題するやさしい詩を読んだ。

自由　ポール・エリュアール

生徒の手帖に

學校の机や樹々に
また砂の上雪の上にも
ぼくは書くお前の名を
……

日常的な言葉を使って童謡のように繰り返す詩、恋人のことを思い綴っている詩。そう感じながら読み進めた。最後は……

ただ一つの言葉のおかげで
ぼくはもう一度人生をはじめる
ぼくは生まれた　お前を知るために
お前をよぶために
自由よ。

私の東京での大学生活の開始はベトナム戦争真っ最中。『ＬＩＦＥ』の表紙を飾っていたのは毎週のように戦場の写真であった。ベトナムまで出かけ、戦争をしているような野蛮な国アメリカの言葉を習うのは止めておこう。かといって何もやらない訳ではない。そうだフランス語だ、と決めて一時は熱中した。

　アメリカの前にさんざんフランスがインドシナで悪いことをしていたことを後で知った。私の浅はかさが露呈してしまった。しかしフランス人民戦線、レジスタンス（抵抗）、ロンドンからのドゴールの自由フランス放送なども同時に学ぶことが出来たのは幸いだった。その時に「抵抗の文学」を読んでいない、というのも、うかつな話だが……。ともあれポール・エリュアールの詩は私の心に残っていた。


　一九四二年のフランスでは、同じ年の日本でもそうであったように、自由ということばこそあらゆる弾圧に値するものであった。（『抵抗の文学』より）

　占領下のフランスにおけるナチス・ドイツ、ゲシュタポなどの分かりやすい敵がいる訳ではないが、二〇一五年、戦後七〇年が経って、いま時代は逆戻りしているようだ。

　日本では大企業や大メディアが次第に民衆を弾圧する側に回っているのではないか。最近の出来事ではＮＨＫとテレビ朝日の幹部が自民党に呼びつけられたこと。メディアの方が被害者に見えるがやがて加害者に転じる。吸血鬼に噛まれた人が自分も吸血鬼になってしまうように。

「沖縄は将来の戦争に重要な役割を果たす」

瀬長亀次郎に戻る。

アメリカは「朝鮮で戦争をやってみて、はじめて沖縄がどんなに将来の戦争に重要な役割を果たすかを改めて知らされた」（『沖縄からの報告』瀬長亀次郎著、岩波新書）。

一九五八年、中距離弾道弾を持ち込むことが具体化された。情勢の変化を次のように述べる。

①沖縄をアメリカの原子戦略地点として日本の自衛隊に極東作戦を分担させること。
②軍事占領状態の長期継続のために極東に緊張状態をつくる努力をすること。
③祖国日本の自衛隊の核武装化。
④フィリピンのマニラ、蒋介石の台北、李承晩の京城と東京を結びつけると三角形ができ上るが、沖縄はその底辺の真中にあたっている。この底辺のまんなかに、弾道弾をすえつけて、本腰を入れて戦略拠点をうちかためるためには、韓国と台湾とフィリピンとが共同防衛に加わることになる。そこで日本の自衛隊にもこれに加わって貰おうというのがアメリカの本音である。

二〇一五年現在、アメリカの基本的な考えはあまり変わっていないのではないか。そしてそこにひたすら従うだけで自らの思考を停止し、沖縄を捨石にし続ける日本も。

第3章　沖縄戦――最後の激戦地を歩く

1　米軍上陸地点――砂辺から北谷を歩く

三月二二日、「沖縄戦を知るピースウォーキングＰａｒｔ19」に参加した。総勢二〇人。一回目は米軍が最初に上陸した阿嘉島で実施した。第一九回の趣旨は以下のとおり。

七〇年前、一九四五年四月一日。北谷から読谷にかけての美しい海岸線がアメリカ軍の艦隊、駆逐艦二一九隻のために真黒く見えました。そして始まった地上戦は地獄の戦場と呼ばれ、子供からお年寄りまで住民の犠牲者が兵隊より多くなりました。

戦後七〇年の今年は上陸地点から摩文仁までを四回に分け、毎月連続してそれぞれの時にそれぞれの場所を歩きます。七〇年たっても米軍基地という形で残る沖縄戦の跡。今一度沖縄戦を見つめなおし、学び、そして平和について考えてみましょう。

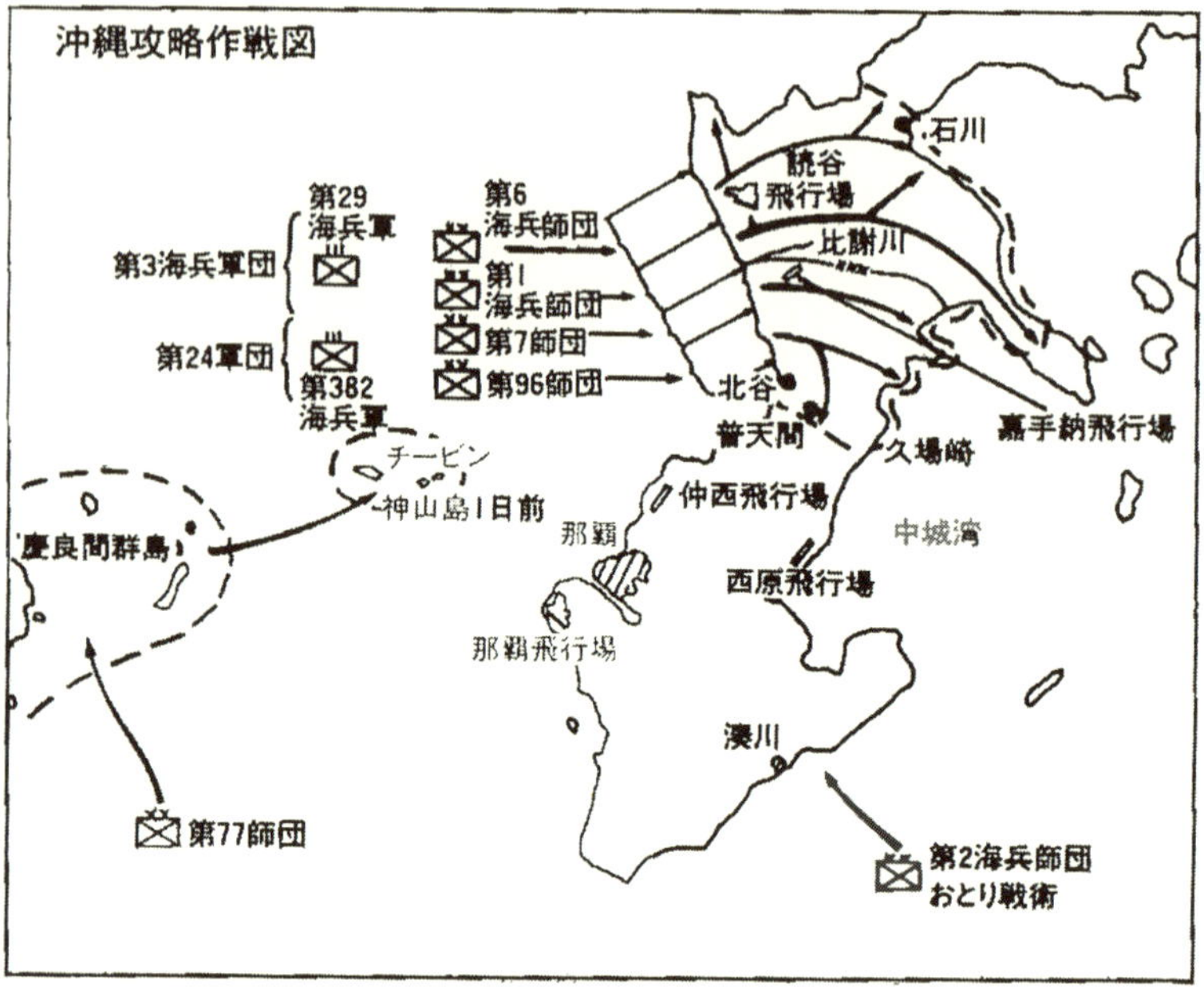

米国陸軍省編『沖縄　日米最後の戦闘』（光人社 NF 文庫）39 頁より

以下はこの時に渡された資料や琉球新報発行の「沖縄戦新聞」(新聞協会賞などを受賞)によりながら書く。

朝九時、砂辺馬場公園に集合。海側に設置された展望台から海岸を見る。

七〇年前の四月一日、三月二六日に慶良間諸島を占領していた米軍がいっせいに沖縄本島に上陸を開始した。上陸部隊だけで一八万三〇〇〇人、太平洋戦線では最大規模の兵員を投入した。

沖縄守備軍の第三二軍は上陸時の戦闘を避けたため、米軍はただちに北(読谷山村)、中(北谷村嘉手納)の両飛行場を占領した。米軍の狙いはまずこの二つの飛行場を確保することにあった。

なぜここで日本軍は決戦を挑まなかったのか? なるべく長びかせて米軍を本土へ近づけないように、沖縄を捨石として使う作戦だった。日本軍は読谷飛行場を使用できないようにわざわざ破壊しておいたが、そんなものはすぐに工兵隊が復旧させた。

その後、熊本の健軍飛行場から決死隊が飛んできて飛行機を爆破したり、部分的には成功したが後の祭り。もし日本軍が四月一日にここで決戦を挑めば一週間で沖縄戦は終結、一〇万人におよぶ住民の犠牲も四か月後の広島、長崎の死者も出なかったかもしれない。

クマヤー・ガマ（鍾乳洞）

内部は長さ約四〇メートル。戦前はこの辺は野犬が徘徊し危険な所だった。二か所に出入り口があるが、とても狭く後ずさりしながら腰から入ったという。当時、砂辺地区の住民の人口は四八九名（戸数一〇五）、そのうち三〇〇～三五〇人がここに隠れた。

一九四四年の一〇《じゅう》・一〇《じゅう》空襲。米軍機が中飛行場と北飛行場を爆撃、住民は最初、日本軍の演習だと勘違いしていたが、米軍機が焼夷弾を落とし、逃げ惑う住民を機銃掃射した。この日からクマヤー・ガマが避難壕として使用された。

案内は、当時一三歳だった與儀正仁氏（八二歳）。「一三歳の戦争体験」と名付けられた小冊子（全六八ページ）を渡された。ここに記載されていないことも含めて直接聞いた話を記す。

> （一九四五年の）三月二七日（の午後一二時か一時頃）に二人の兵隊がガマに来た。顔には墨を塗り、帽子には枝や葉をつけていた。米軍が上陸するから早くガマを出てやんばるへ逃げなさい、と言った。ところが一人のおばさんが、強硬にはねつけた。息子を中国戦線に送り出している人だ。日本軍が負けるはずはない、神の国だ、神風が吹いて米軍の船は沈む。

二人の兵隊は説得に失敗し退散した。おばさんには日本兵以上に「ヤマト魂」が染み込んでいたようだ。

その日の夜、再び七〜八人の兵隊が来て、戦闘準備をしてすぐに避難するように、と追い立てた。五人の八〇歳過ぎのおじい、おばあがローマチ（リュウマチ）で足が悪く動けずガマの中に残った。みんなで車座になって真ん中にろうそくを灯し座っていた。この時、お年寄りたちに死に装束を何枚も着せて首を抱きしめ泣き叫ぶ家族もいた。

しかしこの時追い出されて良かった、と思います。

結局、クマヤー・ガマでの死者はゼロ。壕の外での死者は出たが、もし居残っていたら読谷のチビチリガマのような悲劇が起きていたに違いない。

ご存じの方も多いと思うが、ここでは米軍上陸の翌日（四月二日）、肉親同士が殺し合う事件が起きた。以前は集団自決、現在では強制集団死と呼ぶ。波平区の住民一四〇人が避難していたが、八三人が強制集団死した。

チビチリガマのすぐ近くのシムクガマでは同じ波平区の住民約一〇〇〇人が避難していた。四月一日、米兵が迫ってきた。ガマの中にはハワイに移民で出かけていた人が二人いた。バスの運転手をしていて英語はペラペラ。決して米軍は市民を殺さない、と説得。全員ガマから出た。一〇〇〇人の命が救われた。

チビチリガマでは、米軍は鬼畜米英と信じ、中国戦線帰りの兵隊が、自分たちが中国住民にしたことを、そのまま米軍が仕返すのではないか、と恐れた。シムクガマでは、ハワイでの生活体験がある者が、米軍が市民を殺すことはない、と分かっていた。この差が生と死を分けた。

與儀さんの話は、占領後の無法状態の出来事が多かったが、一つだけ印象に残ったことを記す。辺野古の手前、久志地区の話。

（強姦され殺された）女性がガジュマルの下に裸で寝かされていた。母親らしい人がガジュマルの葉でハエを追っていた。乱暴するのは黒人兵が多かった。

米国内で差別され、戦争に駆り出された黒人兵が、うっぷん晴らしのように沖縄の女性を相手に乱暴狼藉を働く。與儀さんの直接証言は迫力があった。普段あまり聞かれない話が二つ。日本は神の国と信じていたウチナーンチュ、黒人兵による強姦・殺人。

戦後、作家の中野重治だったかが言っていた。

「（戦争に負けた、私達は被害者だ、と言って騒いでいるが）騙される方も悪い」

大本営の「勝利に次ぐ勝利」の嘘の発表を、そのまま活字にし放送にした大新聞とNHK、それに熱狂し支持した大衆。

メディアの現状を見ると、テレビのワイドショーや週刊誌が、嫌中・嫌韓を言い立てている。それに呼応するかのようなネットでのヘイトスピーチ。「戦争」を煽れば売上げが増えるのだろう。なに、本当の戦争になればもっと増える。しかし死ぬのは我々だ。

アフリカから新大陸へ連れてこられ、長年、奴隷として働かされた黒人達。虐待され、殺されてきた彼らが、沖縄では自らより弱い者を殺す負の連鎖。オバマが大統領になろうが、構造が変わることはない。アメリカは相変わらず全世界で人を殺し続ける「殺人国家」ではないか。それに追随する日本はいったい何なのだ。

この日は私の六九回目の誕生日。ピースウォーキングで六キロ歩いた後、プールで少し泳いで遅い昼寝。起きて水平線に目をやると、慶良間諸島の夕陽も残照も消えていた。

2　七〇年前の激戦地

なんともすさまじい歌がある。「かんぽうのくえぬくさー（艦砲の喰え残さー）」、艦砲射撃で食い残された者という意味だ。作詞作曲は比嘉恒敏。

若さる時ね戦争の世
若さる花ん咲ちゅさん（若さる花ん咲ちゅさん）
家ん元祖ん親兄弟　艦砲射撃の的になて着るむん喰えむんむるねえらん
スーティチャー喰で暮らちゃんや（うんじゅん我んにん　汝ん我んにん艦砲の喰い残さ）

（意訳）若い時は戦争の世の中、若い花は咲くことができなかった（若い花は咲くことができなかった）。家もご先祖様も親兄弟も艦砲射撃の的になり着るもの食べるものも全くなかった。ソテツを食べて暮らしたよ。（あなたもわたしも　君も僕も艦砲の食い残し）

五番まであるが、五番の日本語訳だけ紹介する。

私の親を食べたあの戦争
私の故郷を食べたあの艦砲射撃
生まれ変わっても忘れることができようか？
誰があのようなことをしはじめたのか
恨んでも悔やんでも飽きたりない
子孫末代まで遺言したいねえ

艦砲射撃の凄まじさは、以下の手記をみてほしい。

東海岸沿いに北上、首里から西原におりるころ、朝日があがり、道ばたにころがっている死人を照らし出した。死臭で息がつまるようだ。鉄帽を射ぬかれてたおれている兵隊、両足をふっとばされて頭と胴体だけであおむけに天をにらんでいるおじいさん。頭のない赤ん坊を背負ってあざみの葉を握りしめてうつ伏せている婦人の死体。母は気を失って倒れてしまった。（瀬長亀次郎の未発表原稿より、二〇一一年一月一九日沖縄タイムス）

瀬長亀次郎の父親は、慶良間の軍艦を見て初めて「カメジロー山原《やんばる》へ行くよ」と言った。一九四五年三月二六日に米軍は慶良間諸島に上陸。三一日、海は水平線まで軍艦で埋め尽くされていた。父親は「日本軍負けるもんか」の信仰を変えて疎開に賛成。同日、豊見城の自宅を離れ沖縄本島北部のやんばるへ逃れた。

翌四月一日、読谷・北谷の海岸に米軍が無血上陸している頃、東海岸の西原一帯で瀬長一家が見たのが冒頭の光景だ。瀬長亀次郎の残した資料は不屈館に収められている。館長の内村千尋さん（瀬長亀次郎・次女）によれば、まだこれでも一〇分の一ということだった。

前田高地の戦い

四月二六日、七〇年前の激戦地をたどった。浦添から首里まで五キロ足らず。沖縄戦を知るピースウォーキングpart20「激戦地浦添から首里までを歩く」の趣旨は以下の通り。

七〇年前、沖縄に上陸したアメリカ軍は、日本軍司令部があった首里を目指します。四月後半から五月にかけて、宜野湾・浦添、そして首里で繰り広げられた攻防戦は「血で血を洗う」闘いといわれ、五キロ足らずを米軍が進むのに五〇日もかかった死闘ともいえる激戦でした。日本軍の陣地壕があった丘には今も遺骨が多く残ります。発掘調査をした具志堅さんに現地で話していただきます。また首里では、三二軍司令部壕のそばで師範鉄血勤皇隊として学徒動員された古堅さんの証言を聞きます。

浦添城跡は前田高地と呼ばれる高台にある。ここは沖縄の南北を区切る屏風のようだ。首里までは約三キロ。首里城にある司令部を守る最後の砦だった。坂道を登ってゆくと激戦地域だった嘉数高台が左手に見える。さらに行くとディークガマと呼ばれる壕がある。奥行は浅く、現在は入ることが出来ない。中には納骨堂があり、約五〇〇〇人の遺骨が納められている。

配布されたパンフレットによると、「前田戦線での日米の損害は、米軍一一六三人の戦死傷者及び行方不明者、日本軍六二二七人の戦死者となっています。米軍の戦史にはこの戦闘を

ディークガマの前で（撮影：緒方）

『ありったけの地獄がひとつになって転がりこんだ』と記述されています」。

「おもろさうし」の翻訳などで知られる外間守善氏は、一九四五年四月二二日ころから始まったこの地獄の戦闘の渦中にいた。『私の沖縄戦記 前田高地・六十年目の証言』（角川ソフィア文庫、二〇一二年）から引こう。

「洞窟入口には戦車砲直射のほか歩兵による自動小銃、手榴弾、爆雷などの攻撃が執拗にくり返された。我がほうは、あらゆる弾を撃ちつくし、残るはわずかな手榴弾と拳大の石塊、白兵戦によるのみであった」

そして負傷。

「あまりにも出血がひどいので左手で探ってみるとゲートルを突き破って小銃弾が刺さっていた。私は手探りで弾をひき抜いた。血がどっと溢れた。止血の方法がないのでとっさに粘土状の土で傷口をふさいでゲートル、包帯などでグルグル巻きにした。今考えるとよく破傷風にならなかったものだ」

アイスバーグ作戦

米軍の沖縄侵攻作戦は「アイスバーグ作戦」と呼ばれている。

「一九四四年十月三日、太平洋地区米軍は、琉球列島（南西諸島）を確保せよ、との指令を受け取った」（『沖縄 日米最後の戦闘』米国陸軍省編、光人社NF文庫、一九九七年）

そして七日後にはさっそく大規模な空爆が開始される。ミッチャー中将の艦爆機は一〇月一〇日の朝早くから沖縄本島、久米島、宮古島、奄美大島、徳之島、南大東島を襲った。

「この攻撃は、大型空母機動部隊が一日で行ったものとしては、最も熾烈をきわめたものであった。攻撃すること千三百五十六回、爆撃機は六百五十二個のロケットと二十一個の魚雷を発射し、五百四十一トンの爆弾を投下した。那覇は炎と燃え、密集した那覇の二千百十二平方キロの四分の三が灰燼に帰した」（同前書）

一〇《じゅう》・一〇《じゅう》空襲と呼ばれるものだ。

そして翌一九四五年三月二三日の那覇大空襲から沖縄戦が始まる。三月二六日、慶良間上陸、四月一日、沖縄本島上陸。三か月に及ぶ住民を巻き込んだ地獄の戦闘が続いた。

米軍は本島上陸後、四月三日にはすでに太平洋岸に達し、南北に日本軍を切断した。一三日には北端の辺戸に達している。しかし首里の手前に達するまでに五二日もかかっている。

仲村渠《なかんだかり》カマドおばあのひとり言

地獄の沖縄戦を生き残った人はどのような証言を残しているのか。複数の証言を合わせて再構成した。――でくった部分は私が座間味島で直接聞いた話だ。

おばあは座間味島の集団自決の生き残りさー。家族で輪になって手りゅう弾の引き金を引いたけど不発。手りゅう弾は隊長の命令で兵隊さんがみんなに配った。集団自決は当たり前とおもっていたからねー。男は戦車で轢き殺される、女はみんな強姦されて殺されるに決まってるさね。生き残っても地獄。

――おじいが鎌でみんなを殺そうとして、川の中の岩の上に鎌を置いて、こうして（両手をそろえて前後に動かす）研いだけど全然研げんさね。刃を指でさわっても、とがってないから切れない。また研ぎ直してもだめ（笑）。そのうちに米兵が来てみんなつかまった。

――

カマー、カマーて自分の名前を大きな声で呼びよるから出て行った。当時はスピーカーなんか知らんでしょ。すぐ隣で呼ばれていると思ったわけさー。そしたらアメリカから鉄砲突きつけられてバンザイさね。後で聞いたらカマーン（come on）て言いよったらしい

（笑）。

捕虜収容所のアメリカの兵隊は親切だったよ。怪我の治療をしたり食べ物をくれたり。鬼畜米英て聞いてたからびっくりさ。それに比べてヤマトの兵隊は負け戦だから仕方ねーらんさーねー。日本軍は世界一立派で強いと思ってたのに。私たちの食糧を奪ったり壕から追い出したり、うちなーんちゅは人間あつかいじゃなかったねー。

3　首里城　旧三二軍司令部の前にて

前田高地から降りてしばらく歩いたところでＮＰＯ「がまふやー（壕掘り）」代表の具志堅隆松氏の話を聞いた。白兵戦で日米が戦った平野だ。

「あのところどころ穴が空いている小さな丘が、掘り込み墓群とよばれるところです。山形の三二連隊（伊藤大隊）が隠れていました。ここに二方向から水平に戦車の大砲の弾が撃ち込まれています。壕の壁に跡が残っています。

ここは文化財調査の対象になっています。茶碗一つ出てきても調査の対象になりますが、遺骨が発見されても工事は止まりません。遺骨調査について法律がないのです。

遺骨は家族の元へ返せと主張しているのですが、厚生労働省は、遺品に名前があればＤＮＡ鑑定をする、と言ってます。しかし身元が分かるのは一〇〇体のうち五体くらいしかありません。沖縄では毎年一〇〇体ずつ遺骨が見つかりますが、国立戦没者記念公園に埋葬する時、火葬してしまいます。そうするとＤＮＡ鑑定ができなくなります。そこで県議会に陳情して火葬をやめてもらいました。ところが一昨年の六月二二日に火葬が再開されました。理由は仮安置室がいっぱいだから、というのです。部屋を増やせばいいじゃないですか。赤紙一枚で人を戦場に送っておいて、遺骨を一人一人の遺族の元に返すのは国の最低の責任じゃないですか。遺族の了解なしに火葬にするのはだめだ、と主張しました。再び火葬中止になりました。沖縄県議会は独自でＤＮＡ鑑定実施を決定しました。

民間人の身元はほとんどわかりません。兵隊は認識票を身に着けているはずですが、これもなかなかわかりません。認識票が束になって見つかることがあります。どういう部隊がいるのか、ばれるといけないので持たせないのです。軍事機密です。認識票は兵隊は番号のみ、将校は名前が入っています」

束になった認識票については、『私の沖縄戦記　前田高地六十年目の証言』（外間守善著、角川ソフィア文庫）の証言とも一致する。

「(一九四四年四月)前田手前で米軍の艦砲、迫撃砲、重機などの激しい攻撃を受け深い痛手は負ったものの、二日後の二十九日には前田高地の奪取に成功した。この出発に際し、認識票が回収された。階級章もむしりとった」

これでは部隊名も階級も個人名も分からない。軍人は携帯した万年筆に彫られた名前などで特定できることがあるが、身元が分かるのはごく一部だ。

この一帯は軍人同士の戦いで民間人は南部に避難していた。まだ犠牲者は少ない。一九四五年五月下旬から六月下旬の間の犠牲が急増する。県民の四人に一人が亡くなった。「軍と一緒に行動するということは、最前線を彷徨するということにほかならない。若く健康なものはみな現地入隊、郷土防衛隊員や学徒動員にとられ、老人と子供ばかりが右往左往したのである」(同前書)

具志堅隆松氏は捕虜収容所での犠牲者にも注目している。四〇〇〇人収容の民間人収容所で一〇〇〇人が栄養失調やマラリアで亡くなったケースがある、という。これも戦死だ。

一五歳、最年少の鉄血勤皇隊

ピースウォーキングの一行は平良交差点を越し、儀保十字路でモノレールの下をくぐり、首里へ上った。途中、安谷川嶽《アダニガーダキ》を左横に見ながら首里城の城壁が見えるところまで来た。この御嶽《うたき》は琉球国由来記にも記載されている。王府時代の高級女神官の一人が司った御嶽の一つだ。

沖縄県立芸術大学に到着。道沿いに師範学校跡の石碑が建っている。師範学校は廃藩置県の翌年に創立された当時の最高学府。皇国史観を植え付けるための学校だった、と説明があった。

その後、元共産党衆議院議員の古堅実吉氏が登場。八六歳。旧司令壕の前のゆるやかな傾斜地に約六〇人が座り、話を聞いた。後ろには手話通訳が付いた。以下は古堅氏直筆のメモと合わせて紹介する。

「日本軍は満州から東南アジアまで向かうところ敵なし。侵略戦争という認識は日本人の九九％が持ってなかった。『取れ膺懲《ようちょう》（懲らしめる）の銃と剣』という歌があった。しかし（この破竹の勢いは）ガダルカナルで逆転した。一九四四年三月二二日、第三二軍（沖縄守備軍）の創設、配備が決定された。これが沖縄の命運を分けることになった。

戦場化に備え、沖縄の人も、土地も、学校の校舎そのほかの公共施設も、物も、あらゆるものが根こそぎ動員された。全土が陣地化され、小卒の男から女性まで徴用された。

八万人の現役軍人が入ってきて小学校、中学校の校舎に寝泊まりした。沖縄では見たこともない（大きい）軍馬や大砲の陣地を見て、これだけ日本軍が入ってきたら大丈夫と思った。なにくそ（米軍なぞ）やっつけてしまえる。

龍潭池のほとりは樹齢二～三〇〇年、直径二～三メートルのアカギに覆われていた。そこの（目の前にある）弁財天に沿って奉安殿があった。いくら遅刻しそうな時でも最敬礼して坂を上った（注・沖縄師範学校は坂の上にあった）」

「入学後の一時期だけは普通どおりの授業が受けられたが、夏休み後の二学期からは連日全島陣地化の作業動員であった。私たちは、小禄飛行場、天久高射砲陣地、識名から繁多川、軍司令部壕などの作業。四五年二月の情勢緊迫で、一年生は親元へ帰された。三月一四日に帰校命令の通知を受けた。

いったん親元へ帰ったが、兄は病弱、妹は小さい。なかなか出発できない。山中のフンガーダムまで四キロ、母親が見送ってくれた。辺土名にいとこの姉がいたので一晩泊まった。役所の近くで車に乗せてもらおうと一日待ったが、車は通らない。そこでもう一晩過ごした。姉さんから『実ちゃん行くな』と言ってくれんかな、と考えていたが、そんなことはあり得ない。言ってくれたら、（首里へ）戻らなかったかもしれない。しかし当時はそんなことは口にできなかった。

翌日、覚悟を決めて首里へ出発。五日間かけて約一二〇キロを歩いた。けなげなもんだなあ。軒先で夜を過ごしながら三月二二日の夜の九時に寮に到着した。その夜は分散会といってお別れの会が開かれていた。無礼講でどんちゃん騒ぎが続いていた。久しぶりにようやくふとんの中に入った。翌三月二三日早朝、（朝食後）食器を洗おうとしたら妙な音がする。空を見上げた。大空襲だ。これが米軍攻撃の始まりだった」

「四五年三月三一日、軍司令部からの召集命令により、留魂壕《りゅうこんごう》前の広間で全校生徒・教職員による『鉄血勤皇師範隊』を結成し、軍司令部直属とされた」（生徒三八六人・教員二四人＝四一〇人、その他に三月一日に入隊の七五人を加えて総計四八五人となり、戦死者は総計三〇九人、六三・七％。名前は健児の塔に刻銘されている）

「留魂壕は、沖縄師範学校（男子部）の避難壕として生徒自らの手で一九四五年三月に完成した。所在地は、首里城の物見台の下辺りで、城壁に向かって横穴式・コの字形に掘り込んである。名称は、吉田松陰の『留魂録』にちなんで命名された。（戦後の首里城復元工事の際に埋め立てられたが、現在は発掘進行中で、この一～二年内に一部公開も可能だという。）戦中、その一部を沖縄新報が使用し、『陣中新聞』を発行した」

「四隊に分かれた。本部隊、野戦築城隊、情報宣伝隊、日本軍がもう少ししたら来て米軍をやっつける、といったありもしない作り話を伝える役割、それに斬りこみ隊だ。

私は発電機の冷却水を運ぶ任務だった。一二時間交代で、雨のように弾が降る中を集団で行き帰りする。留魂壕から七、八〇〇m離れているが、だんだん首里城の石垣が破壊されて本殿から歩けるようになった。何度も至近弾を浴びておしまいだな、と思った。四月二一日、美里出身の久場良雄先輩が最初の犠牲になった。部屋が一緒で机は右隣だった。艦砲でやられて脚を無くした。一晩中、あんまーあんまー（お母さん、お母さん）と大きなうなり声が聞こえた。夜明け前にその声も途絶えた。出血多量で亡くなった。みんなそうなって（亡くなって）いくんかなあ、と思った」

「沖縄作戦に投入した米戦力は、空母四〇隻、戦艦三〇隻を中心に艦船一五〇〇隻以上、艦載機一六〇〇機、上陸部隊一八万二〇〇〇人、海上舞台を含む兵員合計は五四万八〇〇〇人である」

この時、沖縄に残っていた人口は約五〇万人と推定される。

「五月二〇日頃、弁が嶽（べんがたけ。首里城のすぐ上の丘）の米軍を攻撃する二五人の名簿を校長先生が一晩中かかって作った。真っ先に来るのは戦車部隊だ。穴に隠れ爆雷を背負って突っ込む。全滅した。

五月二七日には司令部が南部へ去った。五月末には我々も摩文仁に着いた。六月一八日には解散命令が出た。校長先生から『死ぬなよ』と言われた。六月二一日、配属将校によると直撃弾をくらい五〜六人が見えなくなった（その中に校長先生もいた）。

私たちは具志頭の浜の近くを五人で海面すれすれを歩いていた。絶壁の上には米兵がいる。前を歩いていた上級生二人が止まった。私は最後尾だ。何だろう、と近づくと五〜六人の米兵に銃を突きつけられて逮捕された。

金武の収容所に一〇日くらい収容された。七月三日嘉手納沖からハワイに送られた。三週間かかってハワイの真珠湾に到着した。ずっと真っ裸のままだ。七月五日、船内で一六歳の誕生日を迎えた」

「私は偶然生き残った。運良く、という言葉は、逃げるのにたくみだ、という解釈もある。これでは教訓にならない。軍隊は住民を守らなかったとよく言われるが、これも狭い解釈だ。日本政府は基地を造り、戦争に訴え、地獄を生み出し、沖縄はすべてを失った。その後も過酷な軍事占領が続いている。なぜそうなったのか、そこに教訓を求めるべきだ。日本は総括しない、反省しない、責任をとらない。

許しがたい戦争を繰り返す世の中になってはいかんよ——これが戦後のみんなの気持ちだっ

た。非戦を謳う世界に誇る憲法を作った。憲法の前文は国際社会に対する誓いだ」

古堅実吉氏の話は三〇分の予定を一時間オーバーして続いた。木陰に座っていた約六〇人のメンバーは、ある者は口元にタオルをあて、時々涙をぬぐいながら聞いていた。

解散した後、龍潭池のほとりを巡って帰った。池の上にロープが二本貼られ、それぞれに約二〇匹のビニール製の鯉のぼりが垂れ下がり、風に揺られていた。

4 生存者からの聴き取り

「ちぎれた手足が飛んできよったよ。道は死体でいっぱい。みなさん死体見たことあるね。死んでしばらくしたら膨れて、真っ黒になって大変よ。何万人も道端にころがって、思い出したら夜も眠れなくなる。だから私は八七歳までこんな話はしなかった」

こう語るのは糸満市米須に住む九三歳の久保田千代子さん。戦争中は教員をしていた。終戦の時は二三歳。我々ピースウォーキングの参加メンバーのために戦争体験を話してくれた。ずっと立ったままだ。さすが元教員、時々こちらに質問を投げかけながら「戦争体験の話」が進行する。最初は九〇歳過ぎた女性と聞いて、果たしてちゃんとした話が聴けるか、と懸念した。声だけ聞いていると三〇歳くらい若いような感じだ。

沖縄戦の生き残りは少なくなっている。「戦後七〇年企画〜上陸地点から摩文仁までを歩く沖縄戦ピースウォーキング」は、沖縄戦を知る大変良い試みだ。七〇年前の四月一日の米軍の沖縄本島上陸から日本軍の組織的抵抗が終了する六月二三日まで、四回にわたってかつての激戦地をほぼ同じ時期に同じ場所を歩き、現場で生死をさまよった生き残りの人々に話を聞く。幸いにして現地を歩く四回の行動すべてに日程を合わせることが出来た。今回は三回目。ピースウォーキングは既に二一回目を数える。

朝八時。雨の中、自転車をこぎ出す。那覇市長田の自宅から糸満まで一時間くらいで行けるか？　この道は日本軍の敗走ルートとほぼ同じ。軍隊以上に一般の住民が南へ南へとたどって十万人の死者を出した地獄の街道だ。

糸満市に入ったのが九時半、ひめゆりの塔、米須の方向へ自転車を走らせる。九時四〇分に道路の端を歩いている集団を見つけた。約六〇人。主催者によれば雨にもかかわらずほとんどキャンセルが出なかったという。

九時五五分、米須小学校着。校内に入って右手へ上がってゆくと藪の中に鎮魂の塔がある。米須区民二七五世帯・一二五三人のうち六四八人が死亡。半分の方が亡くなり四分の一が一家全滅。この塔は有志が作った。二八家族（七一人）の屋号と名前だけが記されている。碑文はない。塔の後ろにウムニーガマ（壕）がある。見ると人が一人通れるくらいの穴しかない。

米須小学校から道路を隔てたところには忠霊の塔がある。アガリンガマの上に建てられてい

糸満市米須（提供：沖縄戦を知るピースウォーキング実行委員会）

る。壕内から日本兵が米軍に反撃したため、ガソリンが半分くらい入ったドラム缶やガス弾を投げ入れられ、壕の入り口は重機で塞がれた。五〇家族一五九人が死亡。生き残ったのはたった一人、一〇歳の少女だけ。

当時四歳だった久保田宏さん（現在七四歳）に話を聞いた。塔に向かう前にちょっと話をした。「おびえてましたよ」と何度も言われたのが耳に残っている。塔の前に立つと緊張している。六〇人もの前で話をするのは初めてらしい。「当時は四歳と八か月でした。糸満高校を出てからブラジルへ一二年行ってました。子供三人はブラジル二世です。店をやってましたが今はそれもやめて農業です」

この塔は当時の壕の上に建っている。作る時も子供だったので全然興味がなかったらしい。ブラジル行きも戦争の記憶から逃れたかったからだろう。

「六月一九日、母が炊事のために壕から出て行きました。砲撃されて亡くなりました」

しばらく話が途切れる。嗚咽しながら続く。

「母は溝にうつ伏せになって死んでいた、と聞きました。アンマーアンマーと呼びました」

ほとんど後が続かない。こちらも辛くなる。祖母と母は死亡、残されたのは腰に怪我をした祖父、負傷して帰郷していた父、姉、弟あわせて五人。

「壕はどこもいっぱいで入れませんでした。それが幸いしました。（父が）死ぬ前においしい水を飲んでから死のう、と海岸近くの真水が出るスーガーというところに行きました。八〇メートルくらい離れた岩（の後ろの穴）に隠れました。二・五メートルくらいの奥行しかありません。六月二一日朝、二人のアメリカ兵が出てこい、出てこいと銃を構えている。怪我をしている祖父と一歳の弟を残し、捕虜になりました」

殺されると思った三人は無事生き延びた。

「祖父と弟の行方は分かりません」

再び話が途切れる。父の「真水を飲んで死のう」という一言で命が救われた。しかし母を祖母を亡くし、祖父と弟は行方不明。一歳の弟はせめて戦災孤児でどこかで生きてくれればと願ったが、可能性はゼロだ。

八七歳で初めて語った沖縄戦

冒頭で紹介した久保田千代子さんは当時一三歳。

「昭和二〇年三月二三日、卒業式の次の日に空襲。校長は天皇陛下の写真持って（北部のやんばるの）今帰仁《なきじん》に避難している。教頭は教育勅語を大事に持っていたが、私に預けて逃げた。旦那は防衛隊にとられて、いない。三歳と三か月の子供二人連れて私は（やんばるに）逃げることもできない」

「艦砲射撃の合間に高台に行ってみると、昨日卒業式をしたレンガ造りの学校もない。慶良間の（米軍）艦船に特攻隊が突撃するのがよく見えましたよ。雨のように弾が集中して（特攻機は）墜落しよった」

「女の先生五人くらいで慰安所にも行きました。兵隊が何百人も並んでいる。（中の女性たちは）飯炊き（の仕事を）している、と（嘘を）言ってた。韓国人が三人、沖縄人が二人。慰安婦のことはみんな知ってたけど、戦後もずっと黙っていましたよ」

「八重瀬の方に逃げたけど壕はどこもいっぱい。ところが山の中腹の墓が空いていた。厨子甕が三〇個並んで、いまだったら気持ち悪いけど、そこで二か月生活した。昼は穴の中、夜は食べ物探し。泉に死体が浮いているのをかき分けて水を汲む。朝見ると蛆が混じってる。それでもその水飲まなければ生きてゆけない。毎晩、死体をどかして水汲み」

厨子甕は洗骨後の骨を納める。その前の段階は、遺体を入れた大きな甕に収める。中で肉体が溶け始め、やがて顔は崩れ骸骨が一部露出し、髪の毛はそのまま残った……普通の神経なら正視できない遺体が中に入っている甕。それだったら腐敗臭に耐えられなかっただろう。

「道には死体がいっぱい。那覇、東風平いろんな所から南へ逃げてきた。自分のおうちにいれば助かったかもしれない。自分たちは山道も知ってるけど、よそから来た人は（普通の）道を歩く。そうすると一人残らずやられてしまう。死体はふくれて真っ黒。道を歩くのも死体をよけながら歩く。お母さんが死んで、赤ちゃんが泣いている。何人もいましたよ。そんなもの見ても、かわいそうとも助けようとも思わない。こちらもいつ死ぬか分からない。弟が弾に当たって即死。涙も出ない。道ばたの溝に置きました。（戦争が終わって）二年後、骨を拾いに行きました」

「戦争は怖いですよ。沖縄戦は地獄。絶対に二度と起こしてはだめ。でもそんな汚い、思い出したくないことを私はいっさい話さなかったんです。子供たちには、平和な国で希望を持って生きて行ってほしい。戦争体験は八七歳まで誰にも話しませんでした。ところが教科書から沖縄戦が削除されると聞いた。そうなったら誰にも伝わらない。地元からも（体験を話してくれと）依頼されるようになって初めて話し始めたんです。そうしたら教え子が、もう八〇歳ですよ、先生なぜあの時は話さなかったんですか、と聞いた。そんな汚い、いやな地獄の体験を話してもしょうがないでしょう、子供たちに」

「みなさん雨の中ご苦労様ですね。沖縄戦のこと少しは伝わりましたか。戦争は二度と起こしてはいけませんよ。どうぞ沖縄戦のこと知ってくださいね」

米須地区はチネードーリ（家内が倒れる＝一家全滅）が少なくとも二四家族。線香台が置かれた小さな小屋がいくつもあるが、親族が時々来て掃除をしたり線香を上げたりする所もあれば、打ち捨てられている所もある。空き家や更地が目立つ。カメラマンの大城弘明氏が米須集落を一緒に歩いて説明してくれた。こうした沖縄戦の記憶を知るために、大城氏の写真集『地図にない村』『鎮魂の地図』（未来社）をぜひ手に取ってみてほしい。

5　死者からの聞き取り

五月二三日に東アジア共同体　琉球・沖縄センターで勉強会を開催した。ゲストは、沖縄戦遺骨収集ボランティア「がまふやー」（壕掘り）代表の具志堅隆松氏。遺骨収集の活動で、二〇一一年度の吉川英治文化賞を受賞している。当センター発足以来のメンバーでもある。

具志堅氏は、遺骨を掘り出した時の状況をよく見れば死者が語り始める、という。以前、沖縄戦を語る生存者が亡くなり聞き取りが出来なくなるのではないか、と具志堅氏に聞いたことがあるが、その答えが「心配ないです。死者からの聞き取りが出来ます」。

具志堅氏は二八歳の時に遺骨堀りを始め、三二年になる。もともと山の中や壕の中を探し出して遺骨を家族に返す、国立戦没者公園ではなく遺族の元に、という信念だった。

二〇〇三年、シベリアで亡くなった遺骨八〇〇体が還ってきた。これはＤＮＡ鑑定の成果だ。亡くなった人が八〇〇〇〇人、遺族の一割が遺骨の返還を希望していた。これを受け、具志堅氏は言う。

「沖縄でもやってくれ、と頼んだ。厚労省の答えは、沖縄は遺体の劣化が早くて無理。それに沖縄戦で亡くなった遺骨は一二万人分が不明、そのうち一割の遺族が希望したら一万二千人だ。一人分の鑑定に三万円、一万人分だとして三億円もかかる。私は言ったんです。三億円しかからない、国民を（赤紙一枚で故郷から家族からひきずり出し）戦死させた責任として（遺骨をそれぞれの家族に返すことは）国がやらなければいけないことじゃないですか。厚労省の役人が言うには、『そういうことを言ってるのは具志堅さん一人です』と」

沖縄では毎年一〇〇体の遺骨が発見される。この数字は減らない。おそらくは壕の中にひそんだまま放置されている遺骨が、開発とともに発見されるケースが増えているからだ。沖縄県は、遺骨収集は終わっているとして終始非協力的だった。

緊急雇用創出事業としてホームレスを雇用

具志堅氏は言う。

「新都心の真嘉比《まかび》の土地開発の時に、工事現場から遺骨が出た。かつての激戦地だ。ところが我々の遺骨捜索を許可しない。那覇市の工事だったが、業者に営利事業として投げてやらせようとした。遺骨収集が企業の金儲けにつながっている。この構図が気に入らなかった。戦争の反省が抜けている。そこで市民参加の遺骨収集を提案した。ホームレスの人々を作業員として雇う案だ。二〇〇九年三月のことだ。戦後責任を果たすことと失業対策の両方が同時にかなえられる。舛添さん（現東京都知事）が力を貸してくれた。厚労省が緊急雇用創出事業として認め、那覇市が事業主体。沖縄県は最後まで反対した。

五五人が作業に従事した。二か月で百何十人の遺体が見つかった。不発弾の探査は地表から一メートルまでしか出来ない（＝及ばない）。そこで八〇センチだけ掘り進んだ。その下にもおそらく遺体は眠っている。しかし（不発弾が爆発するかもしれないので）危険だ」

「たこ壺の中で穴が狭くて倒れきれず斜めになって死んだ例があった。掘り方は直径七〇センチ以上、深さは一一〇センチ以上と決まっている。鉄かぶとに穴が空き、即死状態だったことが分かる。死んだ後に砲撃で頭が飛ばされた遺体もある。戦場はミンチ状態だった、という証言がある。日本兵からは穴あきの五銭が見つかる。死線（四銭）を越えて帰れるように、にかけたお祈りだ。千人針を身に着けた遺体もあった。暑い沖縄では珍しい。生きたかった帰りたかった人ばかりだ」

「ホームレスの人を雇っても働かないんじゃないですか、と聞かれる。しかし熱心だ。五五人を五班に分けて作業をした。ある班からはこちらはちっとも遺骨が見つからない、（仕事をしたい）とクレームが出たほどだ。彼らの仕事はていねいだ。掘り出した遺骨を傷つけないよう木

沖縄では遺骨が今も毎年 100 体以上掘り出される

新都心・真嘉比《まかび》での遺骨収集作業（提供：がまふやー）

の枝や竹串で注意深く泥を落とす。死者に対する思いやりだ。時間が過ぎてもなかなか作業を止めないので、何度も笛を吹いて中止させたほどだ」

自殺を思いとどまる

「本土から自殺しに来た人がいた。ところが遺骨堀りの作業を続けているうちに、死ぬとはこういうことかと、わかった。この人たちは故郷に家族の元に帰ろうと願いながら果たせなかった。自分は生きているから帰ることが出来る。そして彼は帰った」

「米軍と日本軍の物量の違いは一〇〇倍だったと言われる。実際に銃弾や破片弾が見つかるのは米軍のものが五〇〇個、日本軍は五個。米軍の攻撃ぶりがよく分かる。長距離砲の弾帯、中距離用の榴弾砲、近距離用の歩兵が持つ六〇ミリ迫撃砲、近接戦の小銃が見つかる。日本軍の兵士は（弾丸を節約したのか）腰の左右に未使用の弾丸を付けたまま亡くなった例もある」

「七〇年もたてば革靴もかばんも溶けてしまう。珍しく皮のかばんが残っていた。浸み込んだオイルが防腐剤の役目を果たしていた。上からオイルをかけられ火を放たれた。下にあったかばんは残った」

「万年筆に名前が書いてあれば手がかりになる。鉛筆は芯だけ残る。厚労省が言うには、三つの条件が揃わなければＤＮＡ鑑定は出来ない。名前のある遺品があること、ＤＮＡがとれること、遺族の了解があること。この三つがそろうのは難しい。名前を特定できる印鑑や万年筆が

（遺骨と）同時に見つかることは稀だ。認識票は最初からかけていない。（突撃の時に外すので）束になって見つかる。DNAは歯から取れるようになった。遺族の了解？　そもそも誰か分からないので取りようがない。行方不明者に対して自分から名乗り出てください、と言っているようなものだ」

「米兵は約一〇〇人が行方不明になっている。米軍は徹底して遺体を捜索し家族の元に返す。壕の中まで入って攻撃しないので、壕の中に米兵の遺骨はない」

「遺骨が発掘された状況をそのまま動かさなければ、死んだときの状況が分かる。しかし工事を進める方は早く片付けたい。真嘉比の発掘の時も、二〇〇八年六月に毒ガスの容器が出て捜索はストップ、そんな危険な現場に市民を参加させる訳にはいかない。以後は現場は鉄板で覆われた。のちに工事業者に聞くと遺骨が沢山出た、とのことだった」

「以前は遺骨が出ればまとめて一緒にしていた。誰が誰の遺骨だか分からない。遺品があっても遺族に返しようがない。国は徴兵だけして死んだらほったらかしだ。遺骨が語っているのは、どうか私の魂を家に帰してくれ、ということだ。彼らの霊をなぐさめるのは、生きている我々が二度と戦争をしない、徴兵には決して応じない、この二つしかない」

捕虜収容所における「戦死」

「捕虜収容所に入ったらみんな助かった、と思っていた。しかし約四〇〇〇人のうち一〇〇〇人以上も死んだ例もある。辺野古のキャンプ・シュワブには大浦埼捕虜収容所があった。今は基地の中だ」

具志堅隆松氏は元捕虜収容所の埋葬地で遺骨を掘り始めている。十数万人が石川など本島北部に集められた。その間に中南部での米軍の基地建設が進んだ。収容所では戦争中の傷の悪化、栄養失調やマラリアなどによる死者が続出した。

キャンプ・シュワブは辺野古の海を望む地だ。この基地の前で毎日座り込みが行われ、目の前の海で辺野古ぶるーのカヌー隊が抗議を繰り返している。海上保安庁の暴力は次第にエスカレートし、船を転覆させたり、乗員を海に落としたりしている。

この基地の中に大浦崎収容所があった。約二万人が収容され、亡くなった人も多い。遺骨の上に居座るキャンプ・シュワブ。辺野古の海を埋め立て新基地を作るための拠点は、沖縄の民間人の骨の上にある。具志堅氏は「死者への冒涜です」と言う。

キャンプ・シュワブは呪われている。二〇〇人以上と推測される多数の遺骨を抱えたまま、今度は海へ乗り出し軍事空港を建設しようとしている。那覇からの辺野古バスツアーでシュワブを訪れた時に、東京から来た乗客の女性が「辺野古を使って人を殺そうとしている」と表現していた。

七〇年前、沖縄には鉄の暴風が吹き荒れ、砲弾や破片が降り注いだ。狭い島は殺された人々の肉と血をたっぷりと吸い込んだ。翌年、南部地域の野菜は大豊作。誰も言わないが、これも

収容所内の遺骨収集の説明（宜野座博物館にて——具志堅隆松氏）

近くの元埋葬地の発掘（鳩山元総理の姿も）

事実だ。辺見庸の『もの食う人びと』（共同通信、一九九四年）にあった、エイズ患者が死んだ後、畑の畝に埋められ、サトウキビの肥料になる話を思い出す。

沖縄戦の生者は艦砲の喰い残し、食われた死者は野菜のこやし。

誰だ、こんなめちゃくちゃな戦争を始めたのは。

6　司令官の自決――摩文仁の丘

私は両将軍に敬礼したが、今や言うべき言葉はない。参謀長は私にウィスキーをすすめ、さらに自ら剣先にパインアップルの切れを刺し、これは両方とも特等品だぞと自慢しつつ、私の口にもってこられた。私はちょっとぎょっとしたが、子供のするようにあーんをしてちょうだいした。

一九四五年六月二三日午前四時前、沖縄戦司令官と参謀長の自決直前の様子だ。八原高級参謀が記した。目の前にいなければ書けない情景だ。四三年ぶりに復刊された『沖縄決戦』（中公文庫、二〇一五年）から引いた。

ピースウォーキングの「戦後七〇年企画～上陸地点から摩文仁まで」の最終回は、七月五日に実施され、平和の礎が並ぶ摩文仁の丘と周辺を歩いた。私は残念ながら出張で沖縄にいなかったため、その時のヴィデオを見ながら再現する。
今回の趣旨を紹介する。

一九四五年六月、三二軍司令部は首里から摩文仁の丘中腹にあるガマに撤退、そこから最後の闘いの指揮をとります。米軍は海から空から、戦車や火炎放射器で陸から、猛烈な爆撃を浴びせかけ、掃討作戦を行いました。六月末の摩文仁の丘は、草木はもちろん土までが爆風で飛ばされ白い岩肌がむき出しになった砂漠のような様相でした。七〇年たった今日、緑豊かな平和祈念公園として蘇り、平和への祈りと戦争の継承の場になっています。今回は摩文仁の丘を山越えし、師範健児の塔まで歩きます。祖母、母とともに摩文仁の小さなガマに隠れていた吉嶺さんから、米軍のすさまじい攻撃の様子などを聞きます。

ヴィデオを見る。セミの声がうるさい。人の声が聞こえないほどだ。集まったメンバーは強烈な太陽に照らされながら歩いている。日傘をさしている人が目立つ。沖縄では雨よりも陽射しの方が体に障る（笹森儀助も瀬長亀次郎もコウモリ傘をさしている写真が残っている）。

戦争は終わった
平和は人の心でつくる

朝鮮半島から徴用された犠牲者の墓にこう刻銘されている。以下同じ文が英語、韓国語、中国語で記されている。最後の「命こそ宝」は「ぬちどぅ宝」として沖縄では有名な言葉だ。朝鮮人の徴用は一万余人、お椀を伏せたような墓、刻まれた矢印が朝鮮半島を向いている。

黎明の塔は、牛島司令官が自決した場所のすぐ上に建っている。ここから最後の命令を六月一八日に出した。電信は使えず伝令で各所に伝えた、という。

「親愛なる諸氏よ、諸氏は勇戦敢闘実に三か月、すでにその任務を完遂せり。諸氏の忠誠勇猛は燦として後世を照らさん。（略）」

この命令案を見た参謀長は筆に赤インクを浸し次のように加筆した。

「……最後まで敢闘し、生きて虜囚の辱めを受くることなく、悠久の大義に生くべし……」

（『沖縄決戦』より）

つまり降伏せず最後の一人まで戦え、という命令を出して腹を切った。

軍国主義美談

黎明の塔の揮毫は吉田茂。近辺の慰霊の塔の揮毫はすべて福田赳夫ほか、再軍備論者たちのものだと案内役の与儀氏から説明があった。

この一〇年ほど続いているが、六月二三日の朝五時頃、陸上自衛隊の有志約二〇人が制服で花束を捧げる。与儀氏は次のように抗議した。

「牛島軍司令官は住民への配慮をしなかった。見殺しにした。重大な犯罪行為である」

この行事が始まった最初の年、自衛隊が最初に沖縄に来た時の桑江司令官がこう訓示を垂れた。

「今日と同じように当時も牛島閣下は、潮騒の音を聞きながら従容として自決なさいました」

自衛官の参加は次第に少なくなり、最近では右翼団体関係者が多くなっているそうだ。黎明の塔は、沖縄戦を象徴する摩文仁の丘の最上部にある。武士の切腹の姿に似せて作ってある、という。

切腹という武士道の儀式に対して米軍も敬意を払ったのだろうか、米国陸軍省編『沖縄 日米最後の戦闘』（光人社NF文庫）では以下のように述べられる。

牛島中将は、六月二一日の夜、大本営に最後の電報を打った。剛毅な長中将も、全軍死力をつくして戦うよう、最後の檄文をとばした。……

午前四時、切腹の時刻――軍司令官は、完全軍装に身を固め、参謀長は、白無垢の姿で現わる。……牛島軍司令官は、沖縄製の「クバウチワ」をとり静かに扇ぎつつ壕を出らる。月はすでに西海の波間に沈むも、暁いまだ至らず。午前四時一〇分。両将軍、壕入口に現わる。……ついに儀式の時刻——折しも、人の気配を感じたる。米軍、この聖なる儀式とも知らず手榴弾数発を投擲——と一瞬、気合とともに刀のきらめき、また気合と閃光。かくて両将軍は、ここに雄々しくも天皇に詫び、武人としての最後を飾れり——いんいんたる砲声は止み、砲煙は消え、寂として声ひとつなく、満月、ふたたび南海の波上を照らす。摩文仁岳は、とこしえに記憶の中に生きん。

名文調で綴られているが、はたしてこの通りだったのだろうか。

戦塵と泥、血と汗と糞尿にまみれ、飢えと喉の渇き、傷の痛み、蚤シラミの痒みに耐え、ムカデ、サソリ、ダニ、南京虫などの害虫に苛まれながら、這い回っていたのではないか。ハブも潜んでいる。周りには、ちぎれた手足や腐敗した死体が散乱し、死臭が漂っていただろう。そうした状況で「美しい死に方」が可能だったのか。

まるで真っ白な玉砂利の上に座り、白装束に身を改めて古式にのっとりわが腹に刀を突きたてる……武士の姿を思い描かせようとしているようだ。

元日本兵の記述によれば……

ああ、名月は皓皓と摩文仁岳上に輝き、巨星遂に墜つ——青白き月影、南海の波の上に冴えるも、ここに屹立せる摩文仁岳は、燃えるがごとき愛国心をもって、米軍に最後の抵抗を試み、突撃したるわが軍の鮮血で、全岩すべて朱に染む。

米国陸軍省編の本がこうした「軍国主義美談」をそのまま引用していることに驚いた。戦争の醜さ、汚さを美文で覆いつくし、お互いによくがんばったよね、と讃えあっているようだ。これだ。危険なのは。

戦争は、まずは身体拉致（徴兵）に始まり、軍隊でいじめ、洗脳、人殺し訓練に明け暮れる。恋人・夫婦は引き裂かれ、家庭崩壊は必至。

戦場へ赴けば勝ち戦であれば略奪、人殺し、死体遺棄の繰り返し。負け戦であれば自らの身体が傷つくか、命はない。

死体は真っ黒になり膨れ上がり、蛆が湧いて悪臭を放つ。何千何万の遺体が野原にさらされる。

いずれにしても戦争は兵ばかりではなく、民間人まで殺戮、虐待、強姦、脅迫などの、平時ならば合わせて何百年の刑を受けてもおかしくないほどの大罪を国家の名で犯す。

だからこそ国家にとって、個々人の戦死は名誉として讃えられ、司令官の自決は小説のように美しく飾られ語り継がれなければならない。

作家・百田尚樹の『永遠の0』（太田出版、二〇〇六年）を小説として読んでいれば面白いが、そのまま特攻を肯定するならば人間の未来はない。彼の言い分は、現実はクズで、死こそが美しい、と主張しているように聞こえる。

切腹の姿に似せた「黎明の塔」

気になったので、この文を書いた翌日の午前中、黎明の塔を訪ねてみた。

塔は摩文仁の丘の外れ、平和祈念公園の最高部にある。歩けば一〇分以上かかる。南園路に車を止め、木道を行く。

目の前の碑は「鹿児島の碑」、左へ下ると「樺太の碑」、右へ数段上がって道を進むと黎明の塔が見えて来る。左は青い海。水平線がかすみ、薄い白雲が青い海とコントラストをなしている。三メートルくらいの石碑が海を向いて建っていた。たしかに武士が座って切腹をする寸前の姿にも見えないこともない。

しかしこんなものがずっと残って遺族はうれしいのだろうか。

立派に死んだ？　何のために？　誰のために？　答えはない。国に殺されたのだ。遺族は悲しみを抱えたまま生きるしかない。自決した将軍達の遺族も、せめて最後の切腹の苦痛が少なかったことを願うのみだろう。まして一般兵は？　まきこまれた民間人は？　地獄へ道連れにした将軍たちの責任はどうなるのだ。切腹して済む話か。

武士の切腹姿を模した黎明の塔。摩文仁の丘の頂上に立つ。沖縄戦 20 万人の死者に対する侮辱。（撮影：緒方）

戦争の終わりと沖縄の再生がスタートした場所

八原博通氏は沖縄戦の作戦主任参謀。司令部としては唯一人、戦後まで生き延びたが、公職には就かなかった。長男が防衛大学への進学を相談したところ、難色を示し、理系に進学するよう勧めたという。

八原博通氏の「沖縄決戦」によれば……

私を前にして、両将軍の間には、次のような会話が続けられた。

参謀長「閣下はよく休まれましたね。時間が切迫するのに、一向起きられる様子がないので、実は私ももじもじしていました。」

司令官「貴官が鼾声雷のごとくやらかすので、なかなか寝つかれなかったからよ」

参謀長「切腹の順序はどうしましょう。私がお先に失礼して、あの世のご案内を致しましょうか」

司令官「わが輩が先だよ」

参謀長「閣下は極楽行き。私は地獄行き。お先に失礼しても、ご案内はできませんね……」

洞窟出口から約十歩のあたり、断崖に面して司令官、左に参謀長、経理部長。介錯役の坂口大尉が後方に、さらに左後方に著者・八原高級参謀。

……私を振りかえられた長将軍は、世にも美しい神々しい顔で、静かに、「八原！ 後学のため余の最後を見よ！」と言われた。剣道五段の坂口が、つと長刀を振りかぶったが、何故か力無くためらって、「まだ暗くて、手もとがきまりません。暫く猶予を願います」と言った。明るくなれば海上の敵艦から砲撃される。……経理部長自決の拳銃声。……今度は両将軍着座の瞬間、手練の早業でちゅうちょなく、首をはねたのだ。……坂口は私に「やりました！」と顔色蒼白ながら、会心の笑みを浮かべた。……

立派な最期、無念の死、かくて激闘三か月、わが第三十二軍は完全に潰え去ったのである。時に昭和二十年六月二十三日午前四時三十分！　嗚呼！

一方、摩文仁の丘の壕に隠れ、生死をさまよい続けた少年がいた。吉嶺全一（現在八二歳、当時一二歳）氏は「逃げ回る専門家だった、食えるものと飲み物以外目に入らなかった、この辺は木も草もない石ころだらけの砂漠だった」と語る。

ここでは戦場の模様は割愛し、印象に残った部分だけ記す。

祖母は明治一〇年生まれ、廃藩置県の前だ。当時七〇歳、義務教育も受けていない、日本語の新聞も読めない、ラジオも聞けない。そういう生活をしておったので余計な情報はまったく入ってなかった。アメリカ人が畑を焼き払ったことを聞いて、それは人間ではない。自分たちが食べていることを知りながら焼くというのは人間のやり方ではない。飢えているものには飯をあげなさい、凍えているものには着物を着せなさい、という言葉がある。

祖母にとって敵味方の区別などなかった。戦争は勝ち負けではなく終われば良いのだ。うちのばあちゃんは変わっているなと思ったが、間違った教育を受けていなかったために、そういうことが言えた。


黎明の塔から見れば、丘を下り平和の礎が並び立つ盆地の向うに沖縄平和祈念堂がそびえ立っている。比嘉正詔所長によれば「摩文仁の丘は戦争終焉の場であった。一九四五年六月の最後の二週間に約八万人の人びとが洞穴から出て助かった。ここは未曽有の犠牲が払われた所であると同時に、沖縄の再生がスタートした場でもある」。

平和祈念堂の裏の「清ら蝶園」では国内最大のオオゴマダラが飼育されている。記念日にはいっせいに放蝶される。ふわふわと飛び立ち、向うの丘の慰霊碑群をめざす。そこには食草であるホウライカガミが植えられている。

蝶はギリシャ語でプシケ。魂の意味も持つ。白黒まだらの蝶の群れは、約二〇万人が刻銘された「平和の礎」の上を、死者の魂を慰めるようにゆっくりと飛ぶ。

第4章　辺野古はいま

1　島ぐるみ会議の辺野古往復バス（二月六日）

二〇一五年二月一日、久しぶりに明るい話題が一面トップを飾った。「四〇年悲願　伊良部大橋開通」（琉球新報）。宮古島と伊良部島を結ぶ四三一〇メートルの橋。通行無料の橋としては国内最長だそうだ。四日より宮古島へ行くので渡ってみよう。

朝九時、自宅マンションから県庁前へ向かう。

その頃、後藤健二氏は既に殺されていたのだが、夕方まで気が付かなかった。ずっと辺野古にいたのだ。島ぐるみ会議が毎日バスを仕立てて辺野古のキャンプ・シュワブ前の座り込み現場まで往復している。初めて乗った。日曜日なので人が多いと想定していたが、今日はプロ野球キャンプ初日そして名護の桜祭りだそうだ。

九時半集合のはずだが沖縄県庁前には人が少ない。わざわざ日曜日を選んだのは、一般市民が乗ってくる可能性を考慮したからだ。辺野古のニュースは毎日、新聞やテレビで報道される。埋め立てには反対だが何もできない。居ても立ってもいられないが、それでも仕事が忙しくて平日は時間がとれない。でも一度くらいは辺野古へ行って新基地反対の意思を示さないと……と決心して乗り込む人がいるのではないか、と考えたのだ。世の中、勇気ある人ばかりではない。テレビに映されるといやだ、デモなんかやったこともない、機動隊ともみあいになって怪我をしたら困る、平穏無事が一番。そんな〝臆病者〟が、ウチナーンチュに限らず我々一般市民の代表ではなかろうか。

県議会議員の玉城義和氏がいた。

「常時三〇〇人くらいいれば状況は変わるんですけどね。もう少し人数が必要ですね。鳩山さんにも来てほしいですね。現場は喜びますよ。今月一斉に業者に発注するでしょ。そうすると（埋め立て工事が）どんどん進みます」

一〇時、全員がバスに乗り込む。なんとマンションの隣室に住むT氏がいる。二泊三日の泊まり込みを繰り返し、今日はバスで日帰りとのこと。最後部の座席に隣り合わせで乗って最新情勢をいろいろと聞いた。T氏が言う。

「駐車違反を厳しく取り締まっている。タイヤにチョークで印をつけるのが普通だが、それもやらずに切符を切っている」

海上保安庁も警察もやれることはみんなやって運動をつぶそうとしているようだ。昔、神戸で山口組三代目の葬儀を取材した時に、警察の責任者が「煙草を投げ捨てても逮捕する」と息巻いていたのを思い出す。さらにT氏。

「テント村では約三〇人が泊まり込んでいる。防衛施設庁がデマを流して撹乱しているようだ。先日は許田（高速道路終点の料金所）からトレーラーが三台降りてくる、という情報があった。夜中三時半まで警戒していたが、海から船で運ばれてしまった。人が多ければ機動隊も手出しができないんですが」

今日のバスツアー参加者は二三人、三万二五〇〇円集まった、と車内アナウンスがあった。案内人は看護師をしている女性。日曜日だけ来ているそうだ。バス代は一人一〇〇〇円なのでバス代二万三〇〇〇円と九五〇〇円のカンパが集まったことになる。T氏によれば「バスを借りるのに一日五万円かかる」。すると今日は一万七五〇〇円の赤字だ。月曜日が一番多く、二台で行くこともあるという。

一一時半にキャンプ・シュワブのゲート前到着。半数が降りてただちに座り込み、半数は初心者らしく浜辺のテント村へ行って説明を聞いた後、合流の予定。

座り込み三九四一日め

護岸設備が広い階段状になっている。ぽかぽか陽気で上着を着ていると暑いくらいだ。いまは引き潮のため海面は遠い。海鳥が餌をついばんでいる。水平線には海上保安庁の巡視船が三

辺野古テント村（キャンプシュワブ前）

横断幕の一部は基地内に見せるため裏になっている（撮影：緒方）
（ほとんどの横断幕は道路から見えるように貼られている）

テント村の裏には装甲トラック（撮影：緒方）

左が辺野古テント村。右がキャンプ・シュワブ

中国語、韓国語で説明。辺野古漁港横（撮影：緒方）

隻。海を見ながら全員で座り、名護市民のUさん（六〇代の婦人）の説明を聞く。

「五年前の名護市長選挙で稲嶺さんが勝って、ようやく運動が全県的になりました。知事選も衆議院選挙も、辺野古新基地推進派が負けたのに、問題は片付かない。ようやく反対の知事が誕生したが、安倍政権の逆鱗にふれて埋め立てが一挙に進んでいる。ここに基地を作れば日本全体が戦争に巻き込まれる。知事が工事を中止してほしい、と言った、その翌日の明け方にコンクリートブロックを投げ込んだ。目の前の漁港は名護市管轄なので沖縄防衛局は使えません。しかしどうなってんでしょうか。海上保安庁の船が一五隻も集まって、ほかの地域の安全は基地内で機材を組み立てて運んでいる。大浦湾に土砂を投げ入れるとダメージが大きいです」

漁港の隣には砂浜が広がり、その先に米軍基地のフェンス。様々なバナーが貼られている。盗られたら貼りなおす繰り返しのようだ。黒字の布に白で「辺野古に五五〇〇人集まりました、ここに基地作らせない」。これは前年、鳩山氏が参加した集会のことだ。この時はフェンスをバックに舞台が作られた。鳩山元総理は壇上ではなく、市民と共に砂場の真ん中に座って新基地反対の意思を示した。

辺野古テント村総合大学

お昼時、ゲート前では約三〇人がのんびりと弁当を食べている。新基地反対の小さなプラカードを持っている人もいる。車がしょっちゅう行き交う。中にはクラクションを鳴らし手をふる人もいる。白人のカメラマンが二人撮影中。芝生の斜面では子供たちが段ボールをお尻の下に敷いて滑り台のように滑っている。

なにか拍子抜けするような光景。しかし反対側には、米軍キャンプ・シュワブの金網が一直線に広がっている。その前の歩道にはかまぼこ型にブルーシートが張られ寝泊り出来るようになっている。こちらのテント村は二一〇日目。

テントは美ら海サンゴの間とジュゴンの間で男女別に分かれ、端にはプレスルームと書いてある。琉球新報と沖縄タイムスが二四時間体制で泊まり込んでいる。ここからの発信・監視体制は安倍政権にとっては目の敵に違いない。森元首相が沖縄の新聞はアカが多い、と言ったと記憶している。

「そうだ沖縄県民はみんなアカだよ。現政権から見れば」

日曜日とあって辺野古ぶるー（カヌー隊）はお休み。その隙を縫って海上では四〇トンものトンブロックが投げ込まれた。

「辺野古テント村総合大学」という言葉を初めて聞いた。つまりここでスピーチの練習、国内外の政治・自然環境の勉強、唄・踊り（?）となんでも学習できる。しばらく座っているとその通りスピーチや元大学教授の演説、唄が続き楽しい座り込みとなった。

その後、辺野古テント村総合大学は講演とコンサートをテント前で連続開催した。ＤＶＤ三枚組に収録され、現地で販売されている。

2　キャンプシュワブ・ゲート前で（二月一三日）

♪「フロートを越えて」
越えて行けフロートを　越えて行けフロートを
今はまだ埋め立ては許さず
海の向こうにスパット台船を見たら
カヌーを浮かべて漕ぎ出そう
海保が邪魔立てしようとも
勇気をもって闘おう
越えて行けフロートを　越えて行けフロートを
今はまだ埋め立てを　埋め立てを許さず

これはトガーシさんが歌った替え歌で、フロートとは反対派が工事区域に入らないように洋上に張り巡らされた浮具。スパット台船とはボーリング調査船のこと。この船が現れるたびにカヌー隊――というと堅いので「辺野古ぶるー」と称している――が出動し阻止に向かう。直ちに海上保安庁はゴムボートに筋骨隆々の隊員を四～五人ずつ乗せて、邪魔をする。テロ対策チームだそうだ。のど輪で攻めたり、海中に沈めたり、ひっくり返したり、撮影中の女性の映画監督に馬乗りになったり、さんざん嫌がらせを続けている。

このことは琉球新報、沖縄タイムスでは報じられているが、本土のメディアはほとんど伝えていない。海上保安庁は警察と違って日頃民間人との付き合いが少ない。手荒なことをしたら世間から批判を浴びる→せっかく築いた「海猿」のイメージ台無し→隊員や家族が動揺する→入隊者が減る……といった一連の悪循環に対する危機感が鈍いのではないか。

トガーシさんは白髪でまる顔、海の男というイメージ。名刺には「読谷じゃんじゃんの会」「慰霊の日コンサート主宰」「チュンジー（琉球将棋）を広める会」「御膳本草研究会」「NPO奥間川流域保護基金」と肩書がいっぱいの七二歳。本名がわかると海保が名前を連呼してうるさいのでニックネームにしている。トガーシさんは読谷の防衛局前でろうそくを灯す「ピースキャンドル」の企画や「辺野古とつながる一〇〇の方法」を考えている。

「ラマンチャの男」の替え歌が続いた。カラオケなし、しかしテント内ではギターの調弦をしているおじさんがいる。これまたカヌー隊のメンバーだろうか。ちなみに「辺野古ぶるー」は約四〇人、半分は内地から。すみやんは関西弁、立派なひげをはやし映画「タイタニック」の船長を思わせる。時々泊まり込みで応援に来ているそうだ。

別の七〇代とおぼしき男性登場。

「きじむなーがチョンチョン」の替え歌で「機動隊がチョンチョン」。

カヌーチーム辺野古ぶるー
上達すれば誰でも辺野古ぶるーの一員として海上での抗議行動に参加できる。女性も多いが、海保は容赦なく拘束を繰り返す。

カヌー転覆、拘束
海上保安庁の職員によってカヌーを転覆させられた後、ゴムボートに引き上げられて拘束される市民＝２月２日、名護市大浦湾（撮影：伊藤桃子）

過剰警備
5月1日、車7台でゲートに着いた海保が降りてきて、いきなり抗議する市民を排除し始めた。ひとりを数人で抑え込み、足固めも。彼らの暴力はエスカレートするばかりだ。

きじむなーとは、がじゅまるの樹に住むという赤い髪の子供の妖怪。人が寝てる時に海の上に連れて行ったり、いろいろいたずらをする。男性の音程が時々外れるのがご愛嬌。「機動隊はクーラー付のバスで来て、ごぼう抜きをしている」と唄っているらしいが、琉球語なので意味不明。

機動隊は通常二〇名程度、我々が座り込むと手足を抱えて移動させる。反対派は非暴力を貫き、争わない。「君たちはいったい誰のために仕事をしているのか」と怒鳴ると困った顔をして目を背けている。こうした（機動隊の）若者たちに県民のためにならない仕事をさせてはいけない。

こんな話も聞いた。沖縄の警察はすっかり情が移ってしまっている。以前は海保も反対派の若者たちにロープの結び方を教えたり、仲よくやっていた。最近は暴力団相手の大阪の機動隊などが来ているようだ。
次の唄は「森の熊さん」の替え歌。

ある日　テント村
機動隊に出会った
花咲くテント村　ラララララララ

機動隊恐いよ　みんな逃げよう
スタコラサッサのサ、スタコラサッサのサ
ところが機動隊は困っているよ
……
機動隊がんばるな、我々とがんばろう

唄のちから

フォークソングブームの初期、「自衛隊に入ろう」、「値上げの唄」といったメッセージ性が強く、面白い歌が流行った。同じ頃、東大の教室で宇井純氏が公害問題の自主講座を開催し、教室が満杯になった。その頃の熱気がこのテント村でよみがえりつつあるのではないか。「辺野古テント村総合大学」は楽しい講義が満ち溢れている。
六〇代の男性がジョン・レノンの「イマジン」の替え歌で

♪「暇人」
ヒマジン、現場へ行こう
福島や辺野古に行こう
ヒマジン、立ち上がろう
まだまだ出来る
地位や肩書は過去のもの

今日は沖縄民謡が出てこないのが寂しい。前回来たときは、「与那国しょんがねー」やオリオンビールのCMソング、など三線の伴奏付きで盛り上がっていた。機動隊とぶつかるシーンはニュースにはなるが、毎日あんなことが続いている訳ではない。最前線に立つ山城博治氏（沖縄平和運動センター事務局長）から「（辺野古の闘いは）唄でもってるところがありますからね」と聞いたことがある。

最後に、立教大のN君が「圧殺の海――沖縄・辺野古」（藤本幸久・影山あさ子監督、二〇一五年）を東京・三鷹で二回上映し、会場に一〇〇人がつめかけ、満杯となったと報告。拍手を浴びていた。N君も一週間の予定で来沖。「辺野古リレー」という運動を続けている。是非、東京でも行動を起こしていただきたい。

三時半から抗議行動。一〇〇メートル下ったゲート前まで行進。私もプラカードを持って参加した。「新基地建設反対」、裏には「正当な理由なく、私の体に触れ力を加えるなどしたら暴行罪　刑法二〇八条・二年以下の懲役で告訴します」とある。

今日は日曜日、陸上からの機材搬入もなく、したがって機動隊との衝突もなく終了。

「これから辺野古を使って殺人をする」

帰りのバスは四時発。県庁前までは一時間半。中ではマイクで二三人の乗客全員が挨拶。女性が多い。東京から来てテント村に一泊して帰る女性。

「後藤健二さんが死んだことは朝知った。これから（政府は）辺野古を使って殺人をする」

小録（那覇市内）から来た若い女性。

「これから後藤さんがもっとも望んでいない事態になるのでは」

那覇から来た姉妹。

姉「バスに乗るのは二回目、朝はテレビ朝日の、（昼は）フランスのテレビ局のインタビューに答えた。沖縄は基地ではなく観光で食べていける。声をあげるのは恥ずかしいが皆さんに現状を知ってほしい」

妹「面白かった。これからブログで伝えたい」

次の東京から来た女性は、「宮森・630を伝える会」会員だ。宮森小学校へのジェット機墜落は一九五九年六月三〇日。生徒一一名、地域住民六名、重軽傷者二一〇名の大惨事だった。東京に住んで長いが、娘は沖縄国際大学に行かせた。教室のすぐ隣には普天間基地の滑走路が広がる。

「娘が沖縄国際大学三年生の時に、米軍基地のヘリコプターが校内に墜落した」

この女性は米軍機墜落の恐怖を身近に二度経験したことになる。

発生時、学長すら現場に入れず、米兵がマスコミもシャットアウトして機体を持ち去ったこの事故は、死者が出なかったため本土のマスコミからはほとんど無視された。

バスの中での発言は、みんなが辺野古の新基地建設反対を自分の言葉で語っていた。中年のおじさんのステレオタイプのアジ演説もあった。

しかしほとんどの人が、辺野古埋め立ての危機を自分のこととしてとらえている。「辺野古テント村総合大学」は全国各地、あるいは外国からの参加者も交えて毎日、平和交流を行っている。抗議行動の合間に、演説、唄が絶え間なく続き飛び入り自由。誰もが発言し、唄うことが出来る。新しい「文化創造」がここで行われている、そんな印象だ。

3 「新基地反対」の信念に基づく報道（四月一七日）

四月九日、朝からファントムジェット機の音がうるさい。普段、ジェット機の轟音は那覇市上空ではあまり聞かれないのだが、今朝はなにか特別な演習でもしているのだろうか。

突然だが、先週読んだ新聞に「アドヴォカシー・ジャーナリズム」という言葉が出てきた。辞書を引くと、「特定の主義（見解）を唱道（擁護）する報道（機関）」とある。私のやっているのはこれに近いのではないか……と思った次第だ。

特定の主義、といっても私の場合、ささやかなものだ。「辺野古の新基地建設は反対、海を埋め立てれば元に戻らない、二〇〇〇年の耐用期間といわれる軍事基地を作れば戦争の火種が二世紀も続く……これはダメ」という単純明快な考えだ。

私の文章には飛躍が多いが、過去三〇〇年から未来の一〇〇年くらいは見通したい、四〇〇年くらいは視野に入れたいという気持ちがあるのでそうなってしまうのではなかろうか。

議題設定能力

メディアが果たすべき大事な役割の一つに議題設定がある。〇〇が問題ではないか、と問いかける役割だ。誰も気付いていないが、実はこうなった原因は〇〇にあるのではないか。このまま放っておくと〇〇になってしまうのではないか。〇〇で良いと思い込んでいるが、そうではない――。等々と突きつけ、問題解決を図る、これが本来の使命と言ってよい。「普天間基地が危険だから、除去のために同じ県内の辺野古に基地を作る」。これが正しい選択かどうか、しっかり取材し分かりやすく伝えることがメディアの役割だ。

だとすれば根源的な問題までさかのぼらなければならない。日米安保はこのままで良いのか、抑止力って本当に必要なのか、なぜ外国の軍隊が七〇年も居座っているのか、出て行ってもらうには国内に徴兵制でも敷いて自国を守るしかないのか、そもそも誰が、誰を、何から守るのか……と考えてゆくと、短いニュースの時間では終わらない。

伝える側は、時間がとれない、表現が難しい、面倒だ、読者が離れる、視聴率がとれない、と尻込みしてゆく。

今回の「翁長VS菅」の構図は単純明快、沖縄県VS日本政府だ。この対立アングルが一気にメディアの舞台に載った。これまでなかなか全国紙の一面トップにならなかった辺野古新基地建設問題がクローズアップされ、翁長知事に追い風が吹いた。

島ぐるみ会議が毎日バスを運行させ、辺野古の現地、キャンプ・シュワブのゲート前まで市民たちを運んでいる。往復一〇〇〇円なので二〜三〇人の乗客では赤字となる。ところが、最近の報道で潮目が変わった。不動産会社が五〇万円、ほかにもいろんなところから寄付が相次いでいる。

こうした基地反対派が勢いづく風潮を、メディアがあおっている、と嘆く人がいる。しかしながらこれまで「粛々と」選挙結果を無視され、海上保安庁の暴力にさらされてきた沖縄県民から見ると、メディアの報道がわずかにバランスを戻しつつある、と感じる。

大きな動きとして、新基地建設反対を目的とした基金が創設された（四月九日）。これこそ大ニュースだ。メディアが飛びつきやすい、しかも深い意味がある出来事だ。

辺野古基金創設

おそらく本土のメディアでは小さな扱いしかされていないと思う。そこで四月一〇日の琉球新報の一面を紹介する。

辺野古基金を創設　阻止へ民意発信　数億円目標　翁長県政を支援

基金の共同代表には前嘉手納町長の宮城篤実氏、金秀グループの呉屋守将会長、かりゆしグループの平良朝敬ＣＥＯ（最高経営責任者）、沖縄ハム総合食品の長浜徳松会長、元外務省主任分析官の佐藤優氏、俳優の故菅原文太さんの妻・文子さんの六氏が就任した。

佐藤優氏は母親が久米島出身。上江洲姓だ。佐藤氏は久米島高校に出向いて無料で講演、図書館に蔵書を寄付している。ふるさと納税を呼びかけ、実際に効果があがっているようだ。今回はさらに踏み込んで「沖縄の名誉と尊厳のためにも阻止しないといけない」と明言している。辺野古基金は億単位の金を集め、ワシントンでのロビー活動も行う（二〇一六年一月現在、すでに五億円を超した）。

米国はロビイストが政治を動かす。日本の自動車メーカーのロビイストに話を聞いたことがある。大事なことは「ファクツ&フィギュアの提示」と言われた。事実と数字、これならジャーナリストの仕事と変わらない。

日本の自動車が輸入されると、米の自動車業界が打撃を受ける。業界も組合も当然反対する。そこをどう打開するか。彼が取った行動はこうだ。全米大豆組合にトラックを寄付。幹部を日本に招待し、朝から日本人がいかに豆腐や納豆を食べ、味噌汁を飲んでいるかを視察させた。そして以下のような「予測」を語った。

「もしアメリカが日本の自動車の輸入に反対したら、日本人は対抗手段としてアメリカ大豆の輸入に反対するかもしれない。豆腐や納豆はしばらく食べるのを止めよう、となると大問題ですね」。全米大豆組合は、日本の自動車輸入に対して、理解を示すようになった、と聞いた。

「将を射んと欲すれば先ず馬を射よ」という諺を思い出す。

さあそれでは新基地反対をどうすれば日米両政府に認めさせるか。これは日本政府の方に問題大アリ、とよく指摘される。鳩山内閣の時は、外務・防衛官僚が首相を無視し、アメリカに頼んで、最初から日本政府に縛りをかけた。

こんなことは今に始まった話ではない。先日、四七年ぶりに沖縄を訪問した元米大統領特別補佐官モートン・ハルペリン氏の識者評論（四月九日、琉球新報）を読んで驚いた。

「日本政府の同意なくして米国は辺野古に新たな基地を造ることができない。意思決定は日本側に委ねられているのだ。私は沖縄返還交渉に米側担当官として関わったが、その際も日本政府に「沖縄を返してほしい」と言わせなければならなかった。なぜなら日本政府は拒絶されるのをあまりにも恐れ、そう言わなかったからだ」（傍線は緒方）

外務省も防衛省も、完全にアメリカにひれ伏し、日本の「国益」を損なっている。

では日本全体の「民意」は辺野古埋め立てか？

いやいや、沖縄では四度も選挙を重ね、辺野古基地反対の民意は明らかだ。菅官房長官は「粛々と」埋め立てを進めると言い続け、批判されると「堅実に」進めると言い換える。「粛々」も「堅実」も、しっかり沖縄を無視しているのに変わりはない。

4　裁判所を無視する日本政府（四月二四日）

「新基地は絶対造らせない」という沖縄のメッセージが、ようやく全国に伝わったようだ。翁長沖縄県知事と安倍首相との初（！）の対談が四月一七日に実現した。政府は一切沖縄からのアピールを無視し続けてきたが、安倍首相の訪米を前に「やむなく」沖縄県知事との会談に踏み切ったかたちだ。

政府の嘘のつき方

数日間聞かれなかった言葉が、菅官房長官の口からでた。

「粛々と」

福井地裁が、関西電力高浜原発三、四号機再稼働差し止めを求める住民の訴えを認め、再稼働を禁じる仮処分を決定した。これに対して菅官房長官が言ったのが「粛々と進める」。原発反対も新基地反対もすべて蹴散らして進む日本政府。そのキーワードが「粛々と」だ。粛々と原発を再稼働し、粛々と海を埋め立て新基地を造る、粛々と自衛隊を海外へ派遣し、粛々と国民を弾圧し、粛々と戦争を遂行する……おお怖。

『他諺の空似 ことわざ人類学』という本がある。米原万里さんの遺作で光文社文庫になっている。そのなかに、政府が国民を戦争に動員してゆくために用いる嘘のつきかた一〇パターンがある。マインドコントロールに多用される一〇の法則を紹介しよう。イギリスの政治家アーサー・ポンソンビーの「戦時の嘘」（一九二八年）がベース。

一、われわれは戦争をしたくない

二、敵側が一方的に戦争を望んでいる

三、敵の指導者は悪魔のような人間だ
四、われわれは領土や覇権のためではなく、偉大な使命のために戦う
五、われわれも誤って犠牲を出すことがある。だが敵はわざと残虐行為におよんでいる
六、敵は卑劣な兵器や戦略を用いている
七、われわれの受けた被害は小さく、敵に与えた被害は甚大
八、芸術家や知識人も正義の戦いを支持している
九、われわれの大義は神聖なもの
一〇、この正義に疑問を投げかける者は裏切り者である

これを見ると、今の日本政府には一～四までと八～一〇までが当てはまりそうだ。たとえば自民党によるテレビ局幹部呼び出しといった言論統制は一〇にあたる。実戦は始まっていないが、政府の言い分は「戦時の嘘」に多くがあてはまる。

沖縄の四度にわたる反基地の選挙結果も、原発再稼働中止の地裁の判決も認めない政府の態度は、病気だ。しばらく引退して静養が必要。

下地島空港

二月初旬の寒い日、友人の運転で宮古島を一周。一月末に開通したばかりの伊良部大橋を

渡った。架橋の実現は旧伊良部村からの要請以来、約四〇年のことだそうだ。本橋部が三五四〇（さんごのしま）メートル、無料で渡れる日本最長の橋だ。宮古島から乗ると途中上り坂になり、大きく右へ曲がって伊良部島へ着く。途中、多良間島行きのフェリーを通すため水面から三八メートルの高さが確保されている。

伊良部島の先には下地島がある。短い橋を渡ればすぐだ。数年前までジャンボジェットの離発着訓練が行われていた。巨体が何度もタッチ・アンド・ゴーを繰り返す。轟音と共に巨大な鉄の鳥が舞い降り、再び青空へ戻ってゆく。のんびりとした光景だが、この空港は軍事用に使おうと思えば絶好の滑走路なのだ。

沖縄コザ市生まれで珍しく防衛大学卒業の恵隆之介氏（拓殖大学客員教授）は、宝の持ち腐れ、と言明している。『誰も語れなかった沖縄の真実』（WAC、二〇一一年）の第1章「沖縄に迫る危機」の一節「沖縄は中国の特別自治区か？」から引用する。

中国は沖縄への投資に意欲を示しており、すでに宮古下地島空港（滑走路距離三千メートル）を「平和利用」を大義名分に、借用を打診してきている。（略）宮古観光協会を訪れた中国人エージェントは「下地島空港を独占的に借用し、中国人富裕層が自家用機で飛来できる観光スポットを建設したい」と構想を披歴している。

同空港北西一八〇キロには尖閣諸島があり、空自戦闘機部隊が展開する那覇基地から尖閣諸島までの距離、四四〇キロに比べ、距離にして半分以下である。

辺野古埋め立てなどせずとも、こちらに三〇〇〇メートルの滑走路が現にある！（ちなみに辺野古は一八〇〇メートルを予定、普天間は二七〇〇メートル）。なぜここを使わないのか？

事情に詳しい知人に聞いてみた。答えは口はばかるが事実なので書く。

「（周りに）女がいないんですよ」

なるほど周りをAサインバー（本土復帰前の沖縄に存在した、米軍が営業許可を下した飲食・風俗店のこと）や飲み屋で固めないと、基地使用は難しいのか。さびれた辺野古のバー街のママたちは新基地完成を待っている。これも事実。

伊良部大橋は何のため？

宮古島と伊良部島がつながれば住民は便利に違いない。しかしその先にある下地島の滑走路との陸路を確保するのが目的ではないか。宮古島市の共産党議員に現地で聞いてみた。ほかに三人集まってくれた。

リーダーらしい男性から「伊良部大橋は二度設計変更して強化された。一〇〇トンの車が渡れる」と説明があった。そんな頑丈な橋には思えなかった。「戦車も通れる」とのことだったが、戦車を運ぶのなら海からの方が便利だ。このグループは不思議なことに誰一人として名前を名乗らなかった。数日前、おそらくこのうちの一人から新聞の切り抜きや陸上自衛隊の資料が送られてきた。隊内誌からの抜粋だ。信用できそうなので紹介する。「八重山・宮古地区に配備予定の自衛隊は、沖縄を主戦場にして、早く中国を叩くためのものなので、住民は注意が必要です」（「自衛隊計画・海幹校戦略研究」二〇一一年一二月等より）傍線は送られてきた文章をそのまま引用。以下同じ。

アメリカが中国を潰したいため、日本と中国につぶし合い（戦争）をさせたいのが実際のところです（そうすれば、アメリカの優位が保てるため）。このために下地島などに自衛隊を置こうとしている状況です。

これは自衛隊隊内誌『ＦＵＪＩ』（三八八号、二〇一二年）、平成二四年四月〜八月の論文「離島の作戦における普通科の戦い方」で示されている、とのこと。

この中で、沖縄は地形上防衛が困難なため、先に占領させ、そのあとに奪い取るとしています。また、「領域を保全」するため住民を使って、離島防衛戦を行う、としています。

なんだか米軍が沖縄本島に上陸した時（一九四五年四月一日）に、まったく日本軍が抵抗しなかった話を思い出す。「先に占領させて後で奪い返す」作戦は、七〇年前に大失敗したのではないか。しかし「日本軍の作戦はいつも完璧」だ。昔の幕僚から聞いた話だが、イギリスの将校が作戦プランを見てこう言ったそうだ。「素晴らしい。ただし敵がいなければ」。

沖縄県の案では下地島空港の利活用候補事業は四つ。

・FSO（北谷町）が提案するパイロット養成の訓練事業
・AAA（神奈川県）が提案するマルチコプター（注・ドローン）操縦者の養成施設開校
・星野リゾート（神奈川県）が提案する富裕層向けの宿泊施設開発
・三菱地所（東京都）が提案するプライベートジェットを活用したリゾートアイランド構想

ほのぼのとした事業ばかりだが、戦闘機の訓練などはないのか。以前はフィリピンでの軍事演習の途中で米軍のヘリコプターが「不時着」していた、と記憶しているが……。

5　根本的な諸問題に眼を塞ぐ政府（五月一五日）

エメ・セゼールの「植民地主義論」（『帰郷ノート　植民地主義論』平凡社ライブラリー、二〇〇四年）の冒頭の文章だ。

自らの活動が生み出した諸問題を解決しえないことが明らかになった文明は衰退しつつある文明である。

自らの抱えるもっとも根本的な諸問題に目を塞ぐことを選ぶ文明は病に蝕まれた文明である。

自らの原則を策を弄して欺く文明は瀕死の文明である。

ぴったり日本政府に当てはまる。最近の安倍政権は、国民を欺き、暴走している。病に蝕まれ、衰退、瀕死へと向かう政権であることは間違いないように思える。

植民地の町の住民たち

エメ・セゼールはマルティニック（カリブ海に浮かぶ小さな島）生まれの黒人。「この島には、ほかのカリブ海諸島と同様、コロンブス以来ヨーロッパが生み出してきたすべての矛盾が詰め込まれている」（『帰郷ノート 植民地主義論』のエメ・セゼール小論より）。

詩人のアンドレ・ブルトンは序で次のように述べている。

このさえずり（セゼールの詩）の背後には、植民地住民の悲惨が、ひと握りの寄生者たち――彼らは自らが属する国の法をさえ無視し、自らの国の不名誉となることになんの痛みを感じることもない――による厚顔無恥の搾取があり、そして海上に飛び飛びに散らばるという地理的な不利を抱えたこの人々の諦めがある。

『帰郷ノート』でエメ・セゼールは、後に市長を長く務めたフォール・ド・フランスの町の群集をこう描く。

この無気力な町の中の、太陽の下で悲嘆にくれるこの群衆。自らのものであるこの大地で、白日の下に自らを表現し、確立し、解放するいかなるものにも与らず、ニグロどものはるか上方で夢見るフランス人たちの皇后ジョゼフィーヌにも、解放の身振りのまま白い石に硬直した解放者にも、征服者にも、この侮蔑にも、この自由にも、この大胆さにも与らないこの群衆。

皇后ジョゼフィーヌとはもちろんナポレオン・ボナパルトの妻。訳注によれば、富裕な奴隷農園主の娘としてマルティニックで生まれた。一七九四年にフランスの国民公会が宣言した奴隷制廃止を覆し、ナポレオンが奴隷制の復活を決定した背後にはジョゼフィーヌの「助言」があったという。

彼女が見たのは「無気力な町の中の、太陽の下で悲嘆にくれる」奴隷たちの姿だったに違いない。

セゼールはフランス国民議会議員、市長を長く務めたが、訳者（砂野幸捻）は「政治家セゼール」についてはあまり語りたくない、と述べている。セゼールは限りなく誠実かつ勤勉な政治家である、と認めたうえで、結果として「取り返しがつかないまでにフランスに依存する体質」をもたらしたと断じている。

沖縄の祖国復帰運動と似ている、と感じたのは以下の箇所だ。

「僻地手当」を受け取る本国派遣の公務員と現地採用の公務員のあいだの差別待遇の廃止によって、マルティニックの公務員は全員が本国の給与水準の百三十パーセントを受け取る。しかし、食料、日用品は必要量の実に七十パーセントを、しかも近隣諸国からではなく遠い本国フランスからの輸入に依存しているために、物価水準はそれを上回る。

6 辺野古違法アセス（二月二七日）

二月二二日に辺野古のゲート前で抗議集会が開かれた。主催者側発表で二八〇〇人が参加。開幕前の朝九時五分に反対運動のリーダーが逮捕された。

沖縄タイムスの一面に写真が出ている。山城博治沖縄平和運動センター議長が、両足をとら

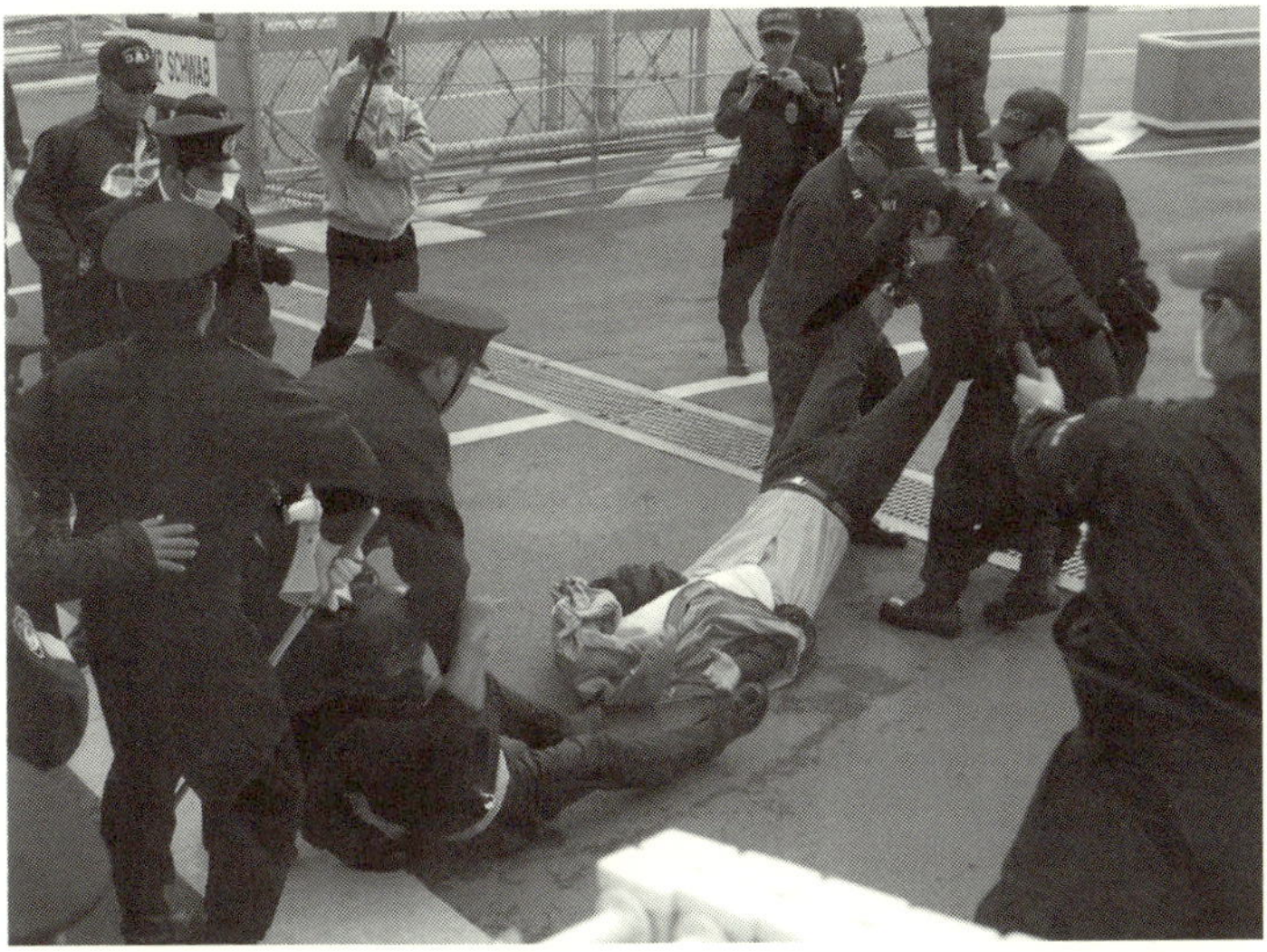

引きずり込み
米軍基地施設内に引きずり込まれる“ミスターゲート前”山城博治。SECURITYと書かれた帽子の集団が何台ものビデオカメラで撮影している。狙っていたのだろうか。山城は後に釈放される。

れ、ジャンパーが顔にかぶさったままズルズルと引きずられている。引きずっているのは米軍の警備員。政府も直接米軍が逮捕することは想定していなかったらしい。

日本政府が手を出さなければ米軍が直接やるぞ、という意思表示か。その二日前、二〇日には鳩山元総理が辺野古の米軍弾薬庫前の抗議集会に参加。キャンプ・シュワブのテント村に一四時に行くつもりが、時間が早かったのでカヌー隊が見えるゲートへ移動。ちょうどこれから抗議行動に移る前だった。フェンスに沿って降りて行き、弾薬庫の目の前で集会。「海兵隊が抑止力である、という言葉は撤回する」と発言した鳩山氏は拍手を浴びていた。

その後、二見へ行き海岸から新基地予定の海面を見る。さらにテント村へ戻る。全国からのカンパで反対派に新造船が送られ、明日贈呈と発表された。新しく米軍基地が作られるか、それとも阻止できるのか、戦争と平和のせめぎあいがここで行われている。辺野古は世界史の現場だ。

日本の未来を奪う辺野古違法アセス

二月六日に沖縄大学で開かれた「辺野古新基地を問う」（沖縄環境ネットワーク主催）の講演内容をご紹介する。会場は満員、二〇〇人以上が参加した。

最初に登場したのは沖縄大学名誉教授・沖縄環境ネットワーク世話人の桜井国俊氏。パワーポイントの最初の数枚からピックアップする。

基本的な考え　一　アセス手続きを進めること自体が問題であった

・アセスは、事業の必要性について地元も含め大方の合意が得られている場合に、環境に配慮した事業とすべく実施するのが大前提。

・沖縄の人々は、県全体でも、また移設先候補地の名護市においても、この事業（普天間飛行場の県内移設）に反対であることを繰り返し表明していた。

・にもかかわらずアセス手続きを進めたのは、民主主義を否定する暴挙。

基本的な考え　二　アセス手続きとしても違法

・百歩ゆずってアセスの実施を認めるとしても、国（防衛省沖縄防衛局）が実施した「アセス」はアセス法が定める民主主義手続きを踏んでおらず違法なアセスであった。

・最大の違法性は、（一）方法書の洗礼を受けずにそれに先立ち大がかりな環境現況調査を実施したこと、（二）記載されるべき内容（アセス法第五条第一項）が方法書に記載されていないこと、（三）「環境の保全の見地からの意見を有する者」の意見陳述権（アセス法第八条第一項、第一八条第一項）を侵害したことにある。

ジュゴンの調査にしても、事前の調査は海をかき回し、追い出しておいて「ジュゴンはいない」と強弁しているようにみえる。沖縄防衛局からは、事業内容は示されず、意見を聞こうとする姿勢はほとんどない。オスプレイの配備計画についても県民には黙っていた。

・オスプレイの普天間配備（従って普天間代替の辺野古への配備）は、早くも一九九六年のＳＡＣＯ（沖縄に関する特別行動委員会）最終報告書草案段階で米側からその意図が示され、地元沖縄の反発を恐れた日本政府の要請で長らく伏せられてきたいわくつきのもの。

・この配備計画は、ジュゴン訴訟を通じて米国防総省提出の資料から露見し、アセス手続きの全プロセスを通じて公然の秘密であった。

高江地区のヘリパッドを見たことがある。森の中に丸く囲われた空地があり、パッドが敷かれ、周囲には機関銃の空砲らしきものが何百発も散乱していた。

やんばるの森は静まり返っていた。ここにオスプレイが離発着すれば生態系が乱れることは明らかだ。

「テロには屈しない、沖縄の民意にも屈しない？」

続いて経済学者の川瀬光義氏が登場。現在の安倍内閣の方針を「沖縄の民意に屈しない？」と皮肉った。レジュメから何行か紹介する。

新基地建設の一方で破格の振興予算

（略）

新基地建設手続き遂行の節目ごとに特別な予算措置

特別調整費

米軍基地所在市町村活性化特別事業

北部振興事業

いずれも内閣府所管なので基地新設の見返りではないのが建前

建前をかなぐり捨てた米軍再編交付金の特異性機能：防衛省所管
「再編の円滑かつ確実な実施に資するために必要」と認められないと交付されない

最後の方は、要するに新基地建設にちゃんと協力しないとお金はあげません、ということ。政治的主張による恣意的な運用が岩国と名護で発動された、と指摘があった。「金目」政策も行き詰まっている。名護市に対していろいろ嫌がらせをしても、省庁が違えば予算の締め付けは通用しない。小中一貫校が創設されたのが一例だ。これは平成二四年四月開校の名護市立「緑風学園」のこと。そりゃそうだ、「米軍に反対する市長に対しては学校もつくりません」とは政府も決して言えないはず。

名護市への「不交付」の不実現（ややこしいが）は、学習効果として、新基地がらみの特別な予算が付かなくても「普通にできる」ことを「証明」した形となった。

「日米政府の沖縄政策は差別」

最後に登場したのは公害問題の権威である宮本憲一氏。宮本氏は一九六九年に占領下の沖縄を調査し「沖縄——この軍政下の自治体」（『世界』一九六九年八月）で発表、以後、『地域開発はこれでよいか』（岩波新書、一九七三年）等、多数の著書を出版している。

本日の論点

・第一は日米政府の沖縄政策は差別あるいは特殊化の歴史であった。

・第二は復帰後の沖縄振興政策は琉球の自然・文化に根差した内発的な発展策ではなく、日米安保条約に基づく基地維持を前提に中央政府依存の高率の補助金で公共事業を中心にし、経済的行政的自立を阻んだ。

・第三は今後の沖縄はこのような歴史を変え、平和を環境と自治の島を。

★一　差別の歴史

（一）琉球処分から沖縄戦まで

・一八七二年　琉球王国―琉球藩

・一八七九年　琉球処分、沖縄県へ

・一九四五年　沖縄戦　死者一八万八一三六人

内民間人九万四〇〇〇人（一五万人という説もある）

本土防衛のため太平洋戦争中最大の被害

以後、占領下の沖縄は植民地以下の状況であった。基地と両立しない製造業などの輸出産業の制約・消費物資の輸入経済であり、軍事目的以外の社会資本は整備されず、福祉は欠如していた。何よりも三権を米軍司令官＝沖縄の帝王が掌握し、自治権は制限された。

歴代の高等弁務官は「沖縄の自治など神話に過ぎない」「我々米軍がいなければ沖縄の民衆は芋と裸足に戻る」と侮辱し続けてきた。それから七〇年。今度は日本政府の側から新しい基地を作りましょうか、と提案するまでになった。

沖縄ではこのような講演・シンポジウムが毎週のように開催される。出来ればこれらの講演を東京やワシントンで行い、沖縄の現状を日本に、世界に訴えたい。

7 高江・座り込み現場から（一〇月九日）

シルバーウィークをはさんで「やんばる」（沖縄本島にあるジャングルに似た自然豊かな地帯）へ三度通った。

一回目は、二〇一五年九月一七日、辺野古経由で高江取材、名護市でUSJ（ユニバーサル・スタジオ・ジャパン）問題などの講演に参加。二回目は九月二〇日、辺野古でのカヌー練習および大浦湾視察（未明にキャンプ・シュワブ前の反対派テントが襲われた）。三回目は九月二三日、名桜大学で行われた「バードウォッチングとエコツーリズム～地域活性化と観光促進～」の国際会議（シンガポール、韓国、台湾からの発表も）に参加。

今回は、一回目のやんばる行きの中から高江の座り込みの現場レポートを中心にお伝えする。

オスプレイ専用ヘリパッド

東村高江区は辺野古からさらに一時間以上北にある。台風の影響で途中の道が封鎖され、大回りして一時間半以上もかかった。

座り込みの現場は三か所で、二四時間続いている。メインのゲート一に立ち寄った。人のよさそうな男性が説明してくれた。今日の当番の清水暁《あきら》さん。

清水「沖縄本島の北部、海兵隊のジャングル訓練場です。（東の方に）ダムが五つあって、ここから本島の六割の人が使う水を供給しています。沖縄の人は基地の中の水を飲んでいます。一九七〇年からもう六回ここでヘリが墜落しています。異常な状態が続いています。オスプレイは二年くらい前から飛んでいます。一九九五年に少女暴行事件があって、県民の基地負担を軽減しようとSACO合意が決まりました。北部訓練場においては半分の面積を返還することになりました。しかしそれには条件があって高江区を取り囲むようにして新しくヘリパッドを六個造るのが条件でした。これは隠されていましたがオスプレイ専用パッドなんです。（この九年間で）六個のうち二個造られてしまいました」

緒方「最初は小さかったですよね。ヘリパッドは」

清水「いや、（直径七五メートルと書かれた図を示しながら）オスプレイ用は平坦な所じゃないといけないんで最初からこれです。ヘリパッドは二二個あるんですけど、これはオスプレイは使えません」

私が以前見たのは普通の軍用ヘリコプターが離発着するものだった。山の中にある円形のヘリパッドを探したのはもう一五年も前のことになる。周辺には薬きょうが何百個も飛び散り、泥にまみれていた。新しく使った形跡はなかった。この（小さな）ヘリパッドをオスプレイ用に改造したのか、と私は勘違いしていたのだ。

従来のヘリパッドはあまり使わなくなった。そこで米軍は高江集落の周りにオスプレイ用へリパッド六基を造り、使わないヘリパッドが点在する地域を返却しよう、という作戦らしい。米軍にとって不要になった、痛くも痒くもない場所を返し、「基地削減の成果」を強調する……いつものやり方だ。

清水「高江集落はオスプレイの重低音と墜落の危機にさらされます。もう一つ、（海側に）宇嘉川という川があります。このあたりはやんばるの森の中でも自然度が高い数少ない場所です。その近くにオスプレイ用ヘリパッドが造られようとしている。これは何かというと、船が河口まで来て上陸訓練が可能になるんです。普天間基地では無理、辺野古では出来るようになる。同じように高江でも陸海空の（立体的な）訓練が可能ということです。（こうして）大事な自然が荒らされる、基地の機能が強化される。

負担軽減は名目で、オスプレイ用のヘリパッドを造る、陸海空の訓練が出来る、というのがＳＡＣＯ事業の真相なんです」

テントの横に車が二台。これでゲートを塞いでいる。背後には山道が続く。ＳＡＣＯ合意では、この山道を舗装し工事用車両を通す。そして残りのオスプレイ用ヘリパッド四基を造ろうとしている。清水さん達は、四か所の予定地に続く道の入り口の前、全体では三か所にテントを張って二四時間態勢で阻止している。

日本政府としては、奄美・琉球の自然を世界遺産に登録申請する案もある。繰り返しになるが、オスプレイ用ヘリパッドを六か所に造る、その代わりに、使わないヘリパッドが点在する森を返す。そのやんばるの森を世界遺産にしてやろうか、という「取引」らしい。

六基のうちあと四基のオスプレイ用ヘリパッドを造ることを認めれば、世界自然遺産の話も進めよう。了承しなければその話もなし、という脅迫だ。

そもそもユネスコの世界自然遺産登録と軍事基地強化の話とはまったく真逆（環境保護と環境破壊）の発想ではないか。登録申請の前には国の法律による自然保護が義務付けられる。

緒方「ヘリパッドを造ったままで、この辺を国立公園にしようということですか」

清水「そうです。本来ありえないことですが、可能性もある、ということです」

緒方「オスプレイは今日は飛んでませんが……」
清水「連日飛んでます。ほかのヘリコプターとは振動が違って、体が揺れてるって感じです」
緒方「ここは那覇市民の水ガメですよね。オスプレイが飛び回って大丈夫ですか」
清水「本当は（訓練場は）全面撤去しなくちゃいけないですね。動植物の固有種がすごく多くて新種のランも見つかったりしています」

清水さんは石川県から来て九年目になる。仲間とローテーションを組み、三カ所のテントに泊まり込んでいる。

緒方「安保法案が通ってこの活動も厳しくなりませんか」
清水「翁長知事が誕生して、東村でも仲間（伊佐真次さん）が村議に当選したり、皆さんの支援で国も乱暴なことは出来ない、そういう力でけん制してなんとか持ちこたえてます」

「やんばるを飛んでいいのは鳥と虫と自由だけ」という横断幕がかかっていた。「Ｖｏｉｃｅ ｏｆ ＴＡＫＡＥ」というパンフレットをもらった。「ヘリパッドいらない住民の会」の発行で、六ページの手書きだ。それによると、ここにはヤンバルクイナ、ノグチゲラなどの固有種や絶滅危惧種が数多く生息している。日本全体の〇・一％にも満たないやんばるに一〇〇〇種以上の高等植物や五〇〇〇種以上の動物が暮らしている。奄美・琉球の世界遺産候補は奄美大島、徳之島、西表島、そしてこのやんばるだ。

ゲリラ訓練が行われていた村

高江は人口約一五〇名の集落。隣り合わせの米軍北部訓練場は七八〇〇ヘクタール。東京の山の手線がすっぽり入ってまだ余る広さだ。このことはカメラマン森住卓氏の『沖縄・高江やんばるで生きる』（高文研）で知った。以降はこの本を参考にして書く。

山手線が入る広さ！　道理でいつまで走っても着かないはずだ。

以前、ここを通った時に突然、アパッチと思われる武装ヘリコプターが頭上をかすめたことがある。映画「ランボー3 怒りのアフガン」に出てきたヘリコプターではないか。

北部訓練場は一九五七年に使用が始まり、三年後に開始されたベトナム戦争でのゲリラ訓練が行われた。同時に一〇〇〇人以上の兵士が「ヘリコプターを使った上空からの潜入、脱出などのゲリラ戦闘訓練やサバイバル訓練など」を行っていた。

三上智恵監督のドキュメンタリー映画『標的の村』（二〇一三年）では、ここに米軍がゲリラ訓練用の「ベトナム村」を造っていた事実を描いた。高江の人びとをベトナム住民の役として参加させたことも明らかになった。映画のタイトル通り、米軍は高江を「標的の村」にしていたのだ。

八歳の幼女を訴えた国

二〇〇八年一二月、住民のもとに分厚い封筒が届いた。工事に反対している住民一五人を通行妨害で訴えた仮処分の申し立て通知書だった。高江の住民ばかりを狙い撃ちにしたものだったが、基本的な人物・車両・行為すらまともに特定できないずさんなものだった。座り込みの現場にいなかった人や、一度もテントに行っていない八歳の幼女までが訴えられた（さすがに幼女への訴えはすぐに取り下げられたが）。五年半におよぶ裁判の結果、一名について妨害行為が認定された。「Ｖｏｉｃｅ ｏｆ ＴＡＫＡＥ」には、「前代未聞！ 国が座り込み住民を訴えた」ということで、女性の絵の吹き出しの中に「国の言いなりにならないから裁判して排除？全国でも同じ弾圧が起きちゃうの？ 言いたいことも言えなくなったら大変だ‼」。

二段目には「ＳＬＡＰＰ訴訟～市民運動を委縮させる目的の訴訟」として解説がある。

このように大きな力を持った国や企業が、力の弱い市民に対して、反対運動や表現活動を委縮させる目的で起こす民事訴訟のことを「ＳＬＡＰＰ」と呼びます。勝ち負けではなく、裁判に巻き込むことで市民に負担をかける、いじめ、嫌がらせが狙いです。司法の悪用とされ、海外では禁止されているところが多く訴え自体が却下されますが、日本では今のところ防ぐことができません。国が住民に対してＳＬＡＰＰを仕掛けた、高江が全国で初めてのケースとなりました。

自然と平穏なくらしを破壊するヘリパッド建設反対!
沖縄防衛局は工事を強行するな!
私たちは、東村高江のみなさんと連帯してたたかいます
全日本民主医療機関連合会

やんばるを飛んでいいのは
鳥と虫と、自由だけ。

高江座りこみテント前

下段には、ノグチゲラらしい鳥がひなに餌をやっている絵が描かれている。吹き出しの中には「静かに暮らしたい、安心して子育てしたい」。そして以下のようなアピールがあった。

この裁判は、国が国民に対して、司法の本来の役割をせずに、私たちの口を封じるための手段として利用されました。この不条理が、全国民に高江の現状を知らせるきっかけとなり、仮処分申し立てから七年。各地からの座り込み参加という、大きな力となって返ってきました。脅しには負けない、これからも「おかしいことはおかしい」「嫌なものはいやだ」と声をあげ続けよう。

七代先を考える

パンフレットの終わりには、アメリカ先住民のことばが紹介されている。

インディアンやネイティブアメリカンと呼ばれるアメリカ先住民は、〝何か決めるとき七代先のことを考えて決める〟といいます。自分たちが生きている今だけでなく、ずっと先の未来の子供たちのことを考えて行動するのです。私たちの行動や選択のひとつひとつが未来の暮らしをかたち作っています。子どもたちは私たちから何を受け継ぐのでしょうか……。

自然の恵みいっぱいの平和な日々であってほしいと願わずにはいられません。

現場で長年闘ってきた人には「真実」が見えている。だからパンフレットの内容をそのまま伝える。例えば次のような言葉。

「防衛省や沖縄防衛局にヘリパッド工事の中止を求める要請をしに行くたびに必ず返って来るのが『過半の返還は沖縄県の負担軽減になるので工事は進めます』という言葉です」

これは在ジュネーブ国際機関日本政府代表部（琉球新報に連載中の「佐藤優のウチナー評論」四〇一によれば、外務官僚は寿府代と称するらしい）の嘉治美佐子大使の反論と全く同じ。彼女は「人権派」の外交官らしいが、言ってることは沖縄防衛局と同じ。

日本政府はオスプレイ用のヘリパッド工事や辺野古の海の埋立てを「妨害する輩」を、嫌がらせの裁判にひきずりこみ、それどころか最近は海に突き落とす暴力を、むき出しにしている。国家の暴力と相対している最前線からの声は、広く知らせなければいけない。

森住卓氏の写真集の中にカヌーが一〇艘ほど写っている。下のキャプションには「カヌーでの抵抗は非暴力の象徴。エンジンのないカヌーには業者や防衛省も乱暴なことは出来ない。弱い方が強いと思った」とある。日付は二〇〇四年九月。

そうか一〇年前には海上保安庁もカヌーには直接暴力を振るっていなかったのだ、と思い起こした。いまや国家の側が暴力をエスカレートさせている。海ではカヌーをひっくり返し、ゴムボートには体当たり。陸ではALSOK、機動隊、米軍が大活躍、右翼まで悪乗りしてテントを襲うようになった。辺野古に比べ、高江は座り込みの人数が少ない。心配だ。

第５章　沖縄の道標——自己決定権

１　道標《しるべ》求めて

二月一五日、久しぶりの快晴。沖縄大学近くのわがマンションから宜野湾の沖縄国際大学まで自転車で行ってみる気になった。途中、満開の緋寒桜の木を見た。おや、やんばるではもっと前に満開では？　島ぐるみ会議でおなじみの玉城義和議員から先日聞いた話。「染井吉野の原木は一本だそうだ。だから一斉に花が咲く。緋寒桜はバラバラに育てるので咲くのもバラバラ。うちなーんちゅと同じ」と苦笑していた。

沖国大まではやはり一時間近くかかった。一二時半着。一三時開始なのに五〇〇人入る教室がすでに半分埋まっている。琉球新報で続いている「道標求めて——沖縄の自己決定権を問う」の連載がちょうど一〇〇回目を迎えた。それを記念して開かれるフォーラムだ。

「こんな国といつまでつきあうのか」

主催者挨拶は琉球新報社富田詢一社長。

「日本復帰以来、期待はことごとく裏切られた。二年前の四月に菅官房長官が来られた。四月二八日に政府の祝典を催す、という。信じられなかった。

サンフランシスコ平和条約が発効（一九五二年四月二八日）し、沖縄を切り離して日本だけが独立した日だ。子供（沖縄）を里子に出した日をもって祝うのか？　と聞いた。天皇の言葉はあるのですか、と問い詰めると側近があわてて官房長官に近寄り、ありません、と耳打ちしていた。こんな国といつまでつきあうのか。（四・二八の祝典は一度は開かれたが）それ以来、開かれていない。（「道標求めて」の中でのスクープは国家間の条約として）琉球が結んだ琉米、琉仏、琉蘭の三条約の原本が外交資料室にある、と分かったことだ。連載担当の新垣毅記者らと見に行った。身震いがした」

以上の挨拶は、身内の発言ということもあって翌日の琉球新報紙面には載っていない。あえてここに引用したのは、これがうちなーんちゅの本音だからだ。ちなみに翌日、二月一六日の紙面の大見出しを拾ってみると「平和拠点化を提起」「沖縄の決定権議論」「脱基地へ自治拡大」「歴史の検証に意義」とある。もちろん間違いではないが、どうも現場の雰囲気を十分伝えていないような、お行儀よくまとめた感がある。

これよりは富田社長の言葉の方が心に響くのではないか。

「沖縄を切り離した日を祝うのか」「こんな国といつまでつきあうのか」とまずは日本語で。次に「死なさりんど」（死なすよ）、「でーじ（大事）やっさ」（たまらん、やってられるか）、「あきさみよー」（あきれた）、「生皮はじんど」（生皮剥がすぞ）……と琉球語を並べた方が沖縄の「民意」にはふさわしいのではないか。最後の脅し文句は、実際にどこかの村議会議員の発言であった。

「東アジア共同体の虚妄に賭ける」

フォーラムの詳細は二月一九日付けの琉球新報紙面に載る。そこで以下、印象に残った言葉だけをピックアップしてお伝えする。

基調講演は聖学院大学の姜尚中学長。大変重要な提案があった。

・（朝鮮半島の南北を含めた）ANEAN―北東アジア諸国連合を創設し、ASEAN―東南アジア諸国連合と一緒に脱冷戦の構図を作る。
・沖縄と済州島で非核地帯・非武装地帯構想を宣言し、次第に東アジアの自治体同士で宣言都市を増やしてゆく。
・韓国併合と琉球処分は二重写しに見える。国際シンポジウムを開き共同研究すべきだ。
・日米安保の実在よりも、東アジア共同体の虚妄に賭ける（これは丸山真男の「大日本帝国の実在よりも、戦後民主主義の虚妄にかける」を継承している）。

続いてのパネルの発言者、上村英明・恵泉女学園大学教授も熊本生まれ。

・琉球は米国と条約を批准している（仏・蘭は批准していない）。批准には上院の三分の二が賛成した。これは大変に大きい。なお清の初代駐日公使だった何如璋は、琉球処分は国際法上不正義と唱えている。（注・何如璋は広東省出身の客家人）

・ウィーン条約第五一条によれば「沖縄県設置」が無効になる。

（注・昭和五六年八月一日発効　外務省告示二八二号に以下のように記されている。（国の代表者による強制）第五一条―条約に拘束されることについての国の同意の表明は当該国の代表者に対する行為又は強迫による強制の結果行われたものである場合には、いかなる法的効果も有しない。）

これに対して日本政府は、琉球は国ではなく日本の一部、脅迫はしていない、と抗弁するに違いない。しかし琉球は既に米国との間で条約を締結したれっきとした独立国だった。さらに琉球処分官の松田道之は交渉が煮詰まって業を煮やし、熊本鎮台から兵を派遣（つまり脅迫）して言うことを聞かせた。この二点が認められれば、沖縄県の設置はウィーン条約違反になりそうだ。なおこの時、熊本の兵隊が、首里城の正殿前の二本の龍柱のうち、片方の頭を折ってしまった。熊本の野蛮人め！

以下は熊本・肥後もっこすとしての私の見解。

熊本は神風連と熊本バンド（同志社のルーツ）にみられるように、もっこす（頑固者）とわさもん（早稲者・新しもの好き）が同居している。同じく強引な比喩だが、徳富蘇峰と蘆花にもあてはまる。姜氏も言っていたが、下筌ダム、水俣病闘争も権力に対して「勝手なこつぁ許さんぞ」という肥後人の人権意識があるのではないか。孫文の盟友・宮崎滔天も『逝きし世の面影』（平凡社）の渡辺京二も、三井三池闘争の谷川雁も熊本だ。上村教授もこの系譜だろう。

・琉球処分は琉球人の意思を無視している、人権上の問題だ。

この発言には大きな拍手が湧いた。フロアから「沖縄県設置無効の訴えが、日本の最高裁で負けたらどうするつもりか」と質問が出た。答えは「日本社会は外圧に弱い、国際機関などのルートを使った新しい戦略が必要」。

続いて姜弘北京師範大学副教授。

・一八七九年の琉球処分は国際法違反の可能性が高い。

おいおい、大変なことになってきたぞ。すると沖縄独立が加速する。日本社会も変わる。本来の日本国憲法の「非武の思想」は、小国・琉球が受け継ぐ。日本国はアメリカとともに帝国主義国家として東アジアを搾取しながら生き延びるつもりか。

・中国が尖閣諸島を回収するのでは、と騒がれているが心配しないで良い。そんな意見はほん

の一部で中国の主流ではない
島袋純琉球大学教授は辺野古の大浦が本籍地。
・欧州は地域（自治州）から成る。主権国家ではない。両属などは当たり前。
・沖縄県は権利の章典を作ることが大事だ。

2　沖縄は奴隷制か

鳩山さんがアルプススタンドの階段を上がってゆくと、大きな拍手が湧いた。五月一七日一二時四五分、「戦後七〇年　止めよう辺野古新基地建設！県民大会」が始まろうとしている。元首相をねらうテレビカメラが何台も行く手を防ぎ、なかなか前へ進めない。会場のセルラースタジアム内野席は既に満員、入口からスタンドへ上る階段は人があふれ、途中で止まっている。通路にまで二列、三列に人が座っている。芝生の外野席に人が入り始めている。鳩山さんが着席すると、後ろの席の婦人が扇子で風を送る。元総理はあわててお礼を言ってお断りしている。

上空にはジェット機が一機大きく旋回し、ヘリコプターが三機、下にドローンが二機。右翼の街宣車からの声が場内にノイズとして響いてくる。後で投稿された動画で見ると彼らは日の丸と星条旗（⁉）を掲げ罵声を浴びせている。これに対して大会参加者はカチャーシー（沖縄のお祝いの時の踊り）と音楽で応えている。日米両政府の強行政治と沖縄の文化の対決の象徴的シーンだ。

印象的なスピーチ

県民大会の模様は琉球新報、沖縄タイムスの両紙に詳しい。そこでここでは印象のみ記す。

佐藤優氏のスピーチより。

「私のアイデンティティは沖縄系日本人と思っていたが、だんだん日本系沖縄人と感じるようになった（注・母親が久米島生まれ）。ここに集まったのは目の前にいる人だけではない。過去の人もいる。（我々は）未来の沖縄人に対しても責任を持つ。沖縄は既に勝っている。みなさんおもろさうしを読みましょう。沖縄の大事な時期には皆にセジ（霊力）が備わる。ニフェーデービル（ありがとうございました）」

檀上には沖縄戦の生き残りの女性がいる。白梅同窓会会長の中山きくさんだ。

「お国のために県民総動員で軍事基地造りをした。しかしそれは抑止力にはならず、むしろ沖縄戦に直結した。多くの命を失い、大切な郷土の自然も文化遺産もすべて失った」

八〇歳後半のはずだが、驚くほど若い声だった。戦争を経験した世代からの声は重い。

鳥越俊太郎氏は終戦の年、五歳だった。

「沖縄戦が長引いたおかげで米軍は九州を通り過ぎた。私の家は幹線道路沿いにあった。もし米軍が九州に上陸し地上戦が行われていれば、私は今ここにはいない（沖縄の抵抗のおかげで私の命がある）。常にその思いがある」

最後の翁長知事のスピーチに、もっとも大きな拍手が集まった。

「日本の安全保障を沖縄一県にほとんど負担させておいて、仮想敵国から日本の覚悟のほどが見透かされる。日米同盟はもっと品格のある、世界に冠たる誇れるものであってほしいと思っている。沖縄をこのままにしておくのは政治の堕落だ」……最後には「安倍首相、頑張って下さい」と意表をつく終わり方だった。

主催者から、今日の大会決議を米政府に伝える、と発表された。これもメディアを通じて周知のことと思うので一部のみご紹介する。

「私たち沖縄県民は二〇一三年一月に安倍総理に提出した建白書を総意として『オスプレイの配備撤回、普天間基地の閉鎖・撤去、県内移設断念』を強く求めている。保革を超えて私たち県民がつくり上げた、この新たな海鳴りは、沖縄と日本の未来を拓く大きな潮流へと発展しつつある。道理と正義は私たちにあり、辺野古に基地を造ることは不可能である」

沖縄の新基地反対の動きが「新たな海鳴り」と表現された。まだこの音は東京には届いていないようだ。五月二四日予定の国会包囲行動で少しは政府に伝わるのだろうか。

被統治者の同意を得ない政治＝奴隷制

ゴールデンウィークに本棚から数冊、未読の本を選んで読んだ。丸谷才一の『笹まくら』（新潮文庫、一九七四年）、『裏声で歌へ君が代』（新潮文庫、一九九〇年）ほか。『笹まくら』は主人公が徴兵忌避者、『裏声〜』は台湾独立主義者だ。国家とはなんぞや、と問うた作品では井上ひさしの『吉里吉里人』（新潮社、一九八一年）が抜群、池澤夏樹の『マシアス・ギリの失脚』（新潮文庫、一九九六年）も面白い。丸谷の『裏声で歌へ君が代』の一節を引用する。

ここで思ひ出されるのは十八世紀アイルランドの政治—言ふまでもなくイギリスの植民地支配—を評して、小説家スウィフトが「奴隷制とは被統治者の同意を得ない政治のことである」と述べたことであります。台湾の政治は久しきにわたり、スウィフトのいはゆる奴隷制であったため、われわれ台湾人はとかく奴隷制に甘んじ、長いものには巻かれろの態度でその日その日を過ごしがちになってゐる。心の中では蔣政権を徹底的に嫌ひながら、しかし身の安全を願ふため、積極的な行動に出ることをためらってゐる。あるいはそういう行動を蔑視してゐる。今日、台湾人が為さなければならないのは、この安逸と臆病とをかなぐり捨てて、果敢な抵抗をおこなふことなのであります。

「被統治者の同意を得ない政治」とはまさに安倍政権のやり方だ。文中の台湾を沖縄に置き換えれば、まったく沖縄の現状そのものといえる。しかし違うのは、沖縄では新基地反対の意思が選挙で示され、「果敢な抵抗をおこなふ」集会やデモや座り込みが繰り返されていることだ。

スコットランドのようにイギリスの第三政党の位置を占めれば状況は変わる（沖縄では自民党四人が全敗したが、不思議なことに比例で全員復活している）。

反自民で沖縄党を作り、さらに各地の愛郷心あふれる人々が○○党を名乗って連帯すれば、日本はよほど変わるだろう。日本は隅から隅まで利権に侵されているように感じるが、同意していない人々が沢山いることも事実だ。

ギリシャの軍事奴隷と同じ？

日本のサラリーマンは、ギリシャの軍事奴隷に似ている。これは西洋史研究家の故・木村尚三郎氏が指摘していた。鎖につながれ、ガレー船を漕いだり、ピラミッドの石運びやサトウキビ刈りをしたり、闘技場でライオンと闘ったり（これは騎士か？）……なにかギリシャもローマも黒人奴隷もごちゃまぜにして考えているが……ともあれ奴隷とは、主人がいて命令にひたすら従い何の自由もない、自分も卑屈になってしまい、抵抗することを諦めた情けない「人間」だ。

ギリシャの軍事奴隷と言っても、妻帯が許され、なかには大臣まで務めた者もいた。日本もそうじゃないか。家庭を持ち、そこそこ出世も可能だ。しかし満員電車にぎゅう詰めで通い、残業は断れず、上司の言うことには逆らえず……つまり自由がない。これを「奴隷」と言うのではないか?

いまどきそんな贅沢は言ってられない、仕事があるだけ幸せ。戦争に行かなくて良い自衛隊のお仕事などはベストチョイス、と考えている人。はい、それが「奴隷」……と考えてゆくと、日本人のほとんど全員が「奴隷」ということになる。

3 大アジア主義

一九二四年一一月、孫文は神戸高等女学校で「大アジア問題」と題する有名な演説を行った。「日本がこれからのち、世界の文化の前途に対して、いったい西洋の覇道の番犬となるのか、東洋の王道の干城となるのか、あなたがた日本国民がよく考え、慎重に選ぶことにかかっている」。

この講演の九〇周年を記念して、二〇一四年一一月末に神戸大学国際交流推進機構アジア総合学術センターによる国際シンポジウム・講演会が開催された。今回は講演者の一人である王柯教授といろいろとお話しした内容をお伝えする。

二〇一五年三月一〇日、神戸大学の王柯教授と一日過ごした。久米村発祥の地、福州園、ペルリ提督上陸碑、中島の大石、孔子廟跡、沖縄大学、沖縄タイムスなどをご案内した。王氏は

『東トルキスタン共和国研究』（東大出版会、一九九五年）や『多民族国家 中国』（岩波新書、二〇〇五年）などで名高い。二〇一四年、中国政府にしばらくつかまっていたことを覚えている人もいるかもしれない。

「侵略を認めよ」

最初は王氏との話で印象に残ったところを挙げてみよう。

王氏「北岡伸一の、侵略戦争という言葉を安倍首相の談話に入れる、（アジアへの）侵略であったという認識は九九％の歴史家の常識だ、という発言は大きい」

北岡氏の発言には私も驚いた。安倍首相のブレーンで対米追随の学者と思っていたからだ。安倍首相の、昨今の発言にはさすがのアメリカのネオコンも「まずいよ」と思っているのではないか。しかし、積極的平和主義（戦争が出来る国へ）と侵略を認めることはどうつながるのだろうか。

王氏とは、北岡発言は安倍談話の下敷きである、と一致した。

王氏「西洋と中国の絵画の違いは、西洋は人物を大きく、山水画は小さく描く。東アジア世界の人々は常に自然の法則（道＝タオ）との関係で人類社会の有り様を考えていた」

なるほど西洋やイスラムは人間と神との契約、東アジアは人類と自然との契約、と言えるかもしれない。だからといって、東アジアの人々が自然を大事にしているかというと疑問だ。インドネシアのカリマンタンのオランウータンが出そうな森の近くに行ったことがあるが、三時間半ほど続く道の両側に、ビニールの包み紙や即席ラーメンのカップなどのゴミが途切れることがなかった。ここにはまだ自然を守らなければ、という考えが根付いていないと痛感した。とはいえ昔から東洋では、山を削り、海を埋めるような大工事は（中国の大運河建設を除いては）少ないかもしれない。近年はめちゃくちゃだが。

東アジアの「共同知」として、東洋的な自然崇拝をもう一度甦らせなければならない。

以下は私の責任で書くことにする。大アジア主義の講演報告集は、未定稿につき引用禁止となっている。これは発言が中国政府などに恣意的に引用されたらどうなるか分からない——発言者の逮捕など——と恐れた、一種の防衛策であると見た。

中国がチベットや東トルキスタンの独立を絶対に認めない理由を、国外の研究者は「ドミノ理論」で解釈しようとする。しかしそうではない、と王氏は言う。『多民族国家 中国』のあとがきを引用しよう。

しかし中国国民にとって、周辺の民族が中国に見切りをつけるということは、支配者の資質が問われる問題でもあり、多民族国家体制を維持できるかどうか、つまり「中国」が成り立つかどうかという根本的な問題にもかかわっている。

王氏の『東トルキスタン共和国研究』などは、中国そのものを危うくする「国禁の書」ではないか。二年前にトルコのイスタンブールを訪れた時、東トルキスタン独立運動のセンターがきっとあるはず、とあちこち回り、モスクの中にある事務所を探し出したことを思い出した。国際的な会議を近く開催するので招待する、とのことだったがいまだに招待状は届かない。

中国西部のウィグル族の動きは通信社のアンカラ支局から配信されることが多い。中央アジアのイスラム運動の動静は、トルコ側からも見ておくことが大事だろう。「ＩＳ」の兵士志望者はトルコ経由で越境する。

中国政府も「覇道」を歩んでいる

孫文「大アジア主義」講演報告集には、中国政府への批判はない。しかし孫文の王道と覇道を引きながら展開される講演の趣旨をよく読めば、日本政府、中国政府双方とも明らかに王道を歩んでいないことが分かる。

アメリカ・コーネル大学人文学部の酒井直樹教授は「ひきこもりの国民感情と恥の情について」と題する講演で、安倍晋三自民党政権の時代錯誤を厳しく批判している。戦後一貫して日本がおかれた植民地状況を黙殺しているだけでなく、東アジアに現出しつつある新しい現実、そして中国、台湾、韓国経済の台頭が生み出しつつある新しい世界の有様が全く無視されている。いうまでもなく、戦後の日本はアメリカ合州国の属国です、と酒井は断言する。「脱植民地化と下請けの帝国」と題する節では、パックス・アメリカーナの覇権の下、この下請けの帝国主義者の人種主義的な尊大さと卑屈さの両方が指摘される。そしてアジアとの共同知の条件の一つは、この優越感と劣等感のコンプレックスからいかに脱却するかが含まれている、と言う。

ところで、三月一六日午後八時からの「UIチャンネル」では東アジア共同体研究所の鳩山理事長、孫崎所長、高野研究員が出演したが、冒頭からの視聴者の声は、「よく日本へ戻れたな、クリミアに住め、中国へ移住しろ」などのヘイトスピーチの洪水であふれた。この時、愚鈍な安倍の追随者、下請けの孫請けのひ孫受けのそのまた下のプチ帝国主義者達の悲鳴を聞いたような気がした。アジアの人々との交流から逃げ回る「ひきこもり＋犬の遠吠え軍団」だ。

東アジア共同体のための「博愛」

大アジア主義というと大東亜共栄圏を思い浮かべる。しかし王氏は、この大は東アジアを「大事に」「大切に」することを指す、と言う。そして「東アジアの『王道』文明に誇りを持つべきである、という深い思想」だと強調する。「孫文から見れば、これこそ当時の日本の日本政府に欠けていた」―そして現在も欠けている―思想だ。

子供の頃、私が寝ている部屋の床の間の上に横長の書があった。左から「緒方なんとか先生、まごふみ、愛博」とあって、何だろうと思っていた。大きくなってからこの書は右から読んで「博愛、緒方南溟先生、孫文、清之亡年」と書かれていることが分かった。緒方南溟は私の祖父。辛亥革命の直後に宮崎滔天と共に香港で孫文と会い、貰った書だ。左端に記された年については、孫文はしばらく考えた後、「清之亡年」と書き、微笑んだ、という。

「博愛」はキリスト教の影響だが、フランス革命の友愛と直ちにつながる訳ではなさそうだ。東アジア共同体を構想する上で、孫文の「博愛」や「王道」もキーワードになるだろう。

陰りは見えるが、日本がアジアの経済大国を誇り、戦後七〇年。こちらから戦争をしかけることもせず、最高の治安が保たれている国。周辺諸国で迫害されている人たちにとっては憧れの国だ。将来のことを考えれば「非戦」を貫き、難民・移民をふくめ人口の一割程度を受け入れる覚悟を決めた方が良いのではないか。東アジアで最大のアジール（＝安心・安全に暮らせる場所）として変身を図る。これが日本の生きる道ではなかろうか。

4　仮想敵とは

第3章「4　生存者からの聴き取り」で、激戦地の米須地区を紹介した。そこにスーサイドビーチと呼ばれる海岸がある。今やサーファーたちの人気スポットだが、多数の死者を出したスーサイドクリフにちなんでこう呼ばれる。スーサイド（Suicide）、自殺のことだ。自殺断崖の近くの自殺海岸。そこでは戦争中、自決した人たちの膨れ上がった死体が魚や蟹ややどかりに食われていた。

沖縄には米軍が居残り続けているが、植民地状態が地名にまであらわれている、と嘆きたくなる。北谷の海岸はアメリカンヴィレッジと名前を変え、カリフォルニア近郊のどこかの小さなショッピングタウンのように化けた。北中城（きたなかぐすく）、といっても沖縄以外では知名度がないが、最近イオンモールが開店した。その名前がOkinawa Rycom（沖縄ライカム）。Rycomとはかつての琉球米軍司令部（Ryukyu Command headquarters）のことだ。

他にも沖縄では米語の影響が残っている。アイスワラ、レイキ、カルテックス。今はあまり聞かないがお冷や、熊手、ガソリンスタンドのことだ。ワラ（ウォーター）、ビーチパーリー（パーティ）と、英語を聞いたまま発音する。

米によるユーラシア大陸コントロール

エマニュエル・トッド『「ドイツ帝国」が世界を破滅させる』（文春新書、二〇一五年）を読んだ。帯には、「現代最高の知識人による世界情勢論」とある。「日本人への警告」とサブタイトルにある割には日本人への言及は少ないが、販売戦略として日本人とつけないと興味をひかないから無理もない。その中からピックアップする。「　」内は引用、続く――以下は私の感想。

「ズビグネス・ブレジンスキーによれば、アメリカシステムとは、ユーラシア大陸の二つの大きな産業国家、すなわち日本とドイツをアメリカがコントロールすることだ」（六〇ページ）

――しかしアメリカが産業規模においてはるかに凌駕しているならばいざ知らず、一九四五年に世界の工業生産高の四五％を占めていた割合が二〇一一年には一七・五％までダウン（日本は九・一％）。これではコントロールは不可能だ。

「もしあなたが支配的なイデオロギー、つまり『ル・モンド』紙の、フランソワ・オランドのイデオロギー、それはまた素朴なアンチ帝国主義者たちのイデオロギーでもあるのだが、そんなイデオロギーで魔法にかけられた世界に生きているならば、アメリカとヨーロッパ―日本は今でもアメリカの保護下にあるとして―を連結する西側ブロックからロシアを抑えなくてはいけないし、抑えることができると考えるだろう」（六二ページ）

――「アメリカの保護下」の我々としてはぐうの音もでないが、トッドはロシアは第二次的な問題でしかない、と片づける。「ドイツのせいでロシア接近を阻まれた日本」という節（七〇ページ）では、アメリカとドイツの対立、以外のシナリオもある、と指摘する。

「ロシア・中国・インドが大陸でブロックを成し、欧米・西洋ブロックに対抗するというシナリオだろう。しかし、このユーラシア大陸ブロックは、日本を加えなければ機能しないだろう。このブロックを西洋のテクノロジーのレベルに引き上げることができるのは日本だけだから」

――とトッドは日本のテクノロジーを評価している。しかし日本の政治力はあまりに貧しい、というかオウンゴールで失点を重ねるばかり。ミックス・アベノ監督の下では、ロシア・中国・インドに働きかけてアジア・ブロックを形成する力はない。

「現在起こっている衝突が日本のロシアとの接近を停止させている。ところが、エネルギー的、軍事的観点から見て、日本にとってロシアとの接近はまったく論理的なのであって、安倍首相が選択した新たな政治方針の重要な要素でもある。ここにアメリカにとってのもう一つのリスクがあり、これもまた、ドイツが最近アグレッシブになったことから派生してきている」

――トッドが以前指摘していたことを思い出す。北朝鮮の拉致問題を解決するには敵の敵、つまりロシアと連携するのが得策だ。しかし安倍政権にはそこまでの戦略はない。

ヤクザの世界に例えると、安倍ドルフ・ヒットラー率いる組から人質を拉致したのは暴走族上がりの新興チンピラグループ・鬼無地《キムチ》派。支える黒幕は巨龍、最大派閥の三代目水餃子組。その向こうに控えし抗争相手が武闘派・露西亜《ボルシチ》暴竜死地連合。安倍ドルフ・ヒットラーの他苦暗《たくわん》ジャパンは暴竜死地連合と盃を交わし共闘して、鬼無地派&水餃子組に対抗しないと人質は返ってこない。

他苦暗ジャパンの後ろでにらみを効かしているのが最大の暴力団・半馬鹿帝国《ハンバーガー》。ワシントンの軍事財閥を後ろ盾に、全国にヒットマンを送り込み暗殺はおろか抗争を煽り立て、武器を輸出し巨万の富を築いている。鬼無地&水餃子VS他苦暗の構図は半馬鹿の利益につながる。人質拉致問題や縄張り（特に戦核シマ）争いは大歓迎。

昔、他苦暗の先々代の組長が、他の組のシマを犯し女を山ほどさらって売春させていた。いまだに指も詰めなければ、詫び状もなし。他の組長は怒り心頭だ。しかし他苦暗の安倍ドルフ・ヒットラーは逆ギレして、落とし前をつけると称し抗争終了後七〇年の吉日に、集団的攻撃権を唱え、積極的戦争主義宣言を出すらしい。こうなると鬼無地派&水餃子組ばかりでなく元々鬼無地派とは兄弟分だったビビンパ一家を巻き込んで、抗争は再燃し、つぶし合いが続く。半馬鹿帝国は労せずして〝キング・オブ・暴力団〟の道を歩み続ける。

この本の帯には「欧州におけるドイツはアジアの中国か？」とある。つまりヨーロッパで一人勝ちのドイツのようにアジアでは中国が問題ではないか、という提起だ。最近の日本のメディアの「中国仮想敵ブーム」が気になるところだ。

仮想敵とは誰？　どこの国？

仮想敵とはいつ頃から言い始めたのだろう。米ソ冷戦の時はソ連。朝鮮戦争の時は本当に近くで戦争が続いていたのだから、まだ分かるとして……。その後は、軍事産業の健やかな（？）発展のために関係者がこぞって言い募っているとしか思えない。原子力ムラと同じである。「日本をめがけて外敵が攻めてくる、ソ連が南下してくる、ソ連の戦車が北海道に上陸する（といっても戦車を運ぶ船が無いので上陸は不可能だった――笑えるじゃないか）、北朝鮮がミサイルで日本を狙っている、最近ではもっぱら中国・韓国が危険だ。これらの敵から日本を守るためには、未来永劫アメリカにお任せするしかない、となると……これはもうどう見ても誰が考えても沖縄に新基地を造るしかない。沖縄は七〇年我慢してきたのだから、ついでにもう七〇年よろしく。言っときますけど反対する人は敵とみなし日本全国くまなく、津々浦々まで粛々とつぶします」

これが日本政府の本音だろう。まったくの暴君ではないか。

5 信州沖縄塾

長野県上田に三泊した。目的は「沖縄映像祭in UEDA～終わらない戦後～」を見るためだ。主催は信州沖縄塾とNPO法人文化経済フォーラム（私も理事の一人）。八月二九日～三〇日、長野大学の三教室で二四作品が上映された。映像は琉球放送（TBS系）、沖縄テレビ（フジテレビ系）、NHK沖縄放送局、琉球朝日放送（朝日放送系）がこれまでに制作した番組。系列を超えてこれらの番組が勢ぞろいするのは沖縄のテレビ局以外ではありえない。二〇一三年の年末に沖縄大学の教室で初めて開催、約一年後の二〇一五年一月に名桜大学でも実現した（本書第2章4参照）。

沖縄映像祭を沖縄だけでなく東京でも開催したい。だいたいが沖縄の声がちゃんと本土には届いていない。現状を正しく伝えるべきメディアは怠慢だろう。

対して沖縄のメディアは目の前の問題に取り組んできた。取り組まざるを得ない。日本の矛盾がここ沖縄に凝縮している。今回の映像祭に選ばれた番組を見るだけでちょっとは分かるのではないか……と考えていたところへ信州沖縄塾からの開催の申し出があった（続いて九月に法政大学、一一月に金沢大学でも上映可能となった）。

信州に沖縄塾があり、メンバーが約二〇〇人もいる！　これはどういうことなのだろう。二週間前にはピーター・カズニック（アメリカン大学歴史学教授）、乗松聡子（バンクーバー九条の会）両氏を呼んで講演会を開催している。なにか途方もない企画実行力を持ったグループではないか。これは行って確かめるしかない。

あるハンセン病患者

沖縄映像祭のプロデューサー具志堅勝也氏（NPO文化経済フォーラム理事長）は過去に数回講演している。信州沖縄塾の塾長は伊波敏男氏。具志堅氏が制作した「花に逢はん～人としての尊厳を求めて～」（二〇一一年QAB琉球朝日放送）で見たことがある。ハンセン病を患い全快。手足に後遺症が残った。自らの半世紀を振り返った作品だ。

伊波氏は一四歳で隔離収容されたが、勉学のため沖縄愛楽園を逃げ出し本土へ。米軍政下でハンセン病を隠してパスポート取得、たった一つの進学の道である岡山県立邑久高等学校新良田教室で学んだ。ハンセン病療養所内にある高校だ。

曲がった足にメスを入れるなど五年間に一二回の手術を繰り返した。高校を出た後は、差別と偏見の嵐が襲う。保育園への入園を断られ、父親の送り迎え禁止の条件付きで認められた。パートに入居すれば他の職員は全て退去、最初の奥さんは子供を連れて出て行った。七歳の息子が、これからお父さんのYシャツのボタンは誰が留めるの、と心配した。特効薬が出来、治りやすく感染性が少ない病気だと分かっても、まったく国の政策も変わらなければ社会の偏見も直らない。しかし父母や姉兄妹たちは伊波氏を見捨てなかった、家族が変わらないと社会は変わらない、水俣病もエイズも政治が隠蔽し、次々と少数の弱者を生み出してゆく、と指摘する。

番組の終盤はフィリピン同行取材。賠償金を活用して伊波基金を設立、フィリピンの医療看護学生のための奨学金を送っている。フィリピン国立大学レイテ分校での卒業式の模様、私が味わった苦悩を人には味わわせない、と語る。そしてハンセン病患者が隔離されていたクリオン島訪問。未来へのお手伝いをしたい、と少年のような笑顔を見せる。

八月一〇日に発行されたばかりの著書を頂いた。『父の三線と杏子の花』（人文書館）。

冒頭に、息子がハンセン病を発症したことを知った父が、仏間に招き入れ正座させ、三線を謡う場面が出て来る。「マコトカヤ……ジチカ……（誠かや実か）」とゆっくりと始まる散山節は、不測の事件にショックを受けびっくりして放心状態におかれた心境をうたったもの。もっとも難曲とされる。悲嘆や離別の歌だ（Ｗｅｂぼさ熊の琉球古典勉強中より）。

息子は一生隔離され、再び会うことはかなわないかもしれない。父は今生の別れの気持ちをこの歌に込めた。五四歳の時に伊波氏はこの意味を知り、「胸が張り裂ける思いだった」。この時、既に父は亡くなっていた。

ハズレの音？

伊波さんの家で手料理を頂いた。千曲川の鮎に栗おこわ、その他に山ほど。その前にナスのお焼と葡萄、梨を出して頂いたので全部は食べ切れなかった。

信州沖縄塾は、沖縄の与勝高校の女生徒三人がホームステイした時の会話から始まった。「沖縄に帰る日の朝、一人の女の子が『二日間続けて風の音を聞いた』と言ったんです。『はずれの音』を耳にした、と」

伊波さんの説明に、私は、「外れ」をあてはめた、都会から外れた田舎の風の音？

一瞬後に「葉擦れ」と分かった。

彼女たちが朝一番に耳にするのはジェット機の爆音。キーンという耳をつんざく音。（こちらが想像していたような）勝連半島にそよそよと海風が吹き渡る牧歌的な光景とは無縁だった。

一六歳まで沖縄で過ごした伊波さんは、沖縄の痛みを忘れていたことを恥じた。そして仲間と二〇〇四年八月に信州沖縄塾を立ち上げる。メンバーは七人。
誰でも参加できるが次の四つだけは問いかける。

あなたは「この国」の現状に異議を唱える人ですか？
あなたは「この国」の進路に危機感を持つ人ですか？
あなたは連帯して「この国」を変革することに賛意を持つ人ですか？
あなたは平和を守るために、自分ができることを探している人ですか？

その後は矢継ぎ早に講演やカンパ活動に移る。建築家の真喜志好一氏を呼んで講演会「沖縄はもうだまされない」。辺野古の「ヘリ基地反対協議会」に一五万円のカンパ。沖縄塾のマーク入りのカヌーを送る。カヌーを率いる牧師・平良夏芽氏の講演「沖縄の痛み・平和をつくり出す」。二〇〇五年には沖縄近現代史の勉強、家庭料理の講習。二〇〇六年には第一回沖縄ツアー。その後も毎年連続講座や映画「ひめゆり」上映など。二〇一〇年には連続講座に続いて国際反戦デーに信濃毎日新聞に意見広告を掲載。「この豊かな海を戦争のための基地にさせない」一人ひとりに呼びかけ、賛同者四三六六人、賛同金の収入は五一四万八一七〇円に達した。
二〇一二年には第二回沖縄ツアー。その後も辺野古・高江のドキュメンタリー映画上映、映画「ひまわり」上映、芝居、舞踊、絵本朗読、報告などなど。沖縄の市民運動の第一線に立つ人々とつながっている。ちなみに約二〇〇人の会員中、ウチナーンチュは数人しかいないという。

在京全国メディアは沖縄をどう伝えたか

伊波氏から紹介されて具志堅氏が登壇した。

「(日本政府が)つぶしたいマスコミの代表です。」に笑いが起る。

「(放送局勤務の)三五年間、如何にキー局を説得して沖縄のニュースを流すか、に懸命だった。沖縄国際大学に米軍ヘリが墜落した時、テレビ朝日放送のデスクの指示は、死者がいますか、いなければ三〇秒でお願いします。交渉の末、一分三〇秒になった。地域協定も日米安保も全国メディアの頭にはない。その時の全国紙の扱いも球界のゴタゴタ(ナベツネ)とアテネオリンピックがトップ。読売、産経に至っては一面には記事なし。

在京メディアが大きく沖縄を取り上げたことはこれまで四回、九五年に少女暴行事件、九六年の返還合意、二〇一〇年の県外移設から辺野古回帰、二〇一四年新基地建設承認などだ。しかし県知事選挙の後、流れが変わっている。安倍政権の初期は辺野古やむなしという意見が大半だったが、いまは見直すべきという意見と両極に分解している。

辺野古新基地建設について、政府と沖縄に溝がある、というが溝ではない。政府が断念しない限り解決しない。

海兵隊の『抑止力』については空から海から攻撃した後、小規模のゲリラ戦を戦う部隊であって、大規模な戦闘は陸軍が担う。抑止力は嘉手納の空軍で十分。沖縄の地位的優位性については森本元防衛大臣が言ったように『戦略上の問題ではなく政治の問題』。つまり日本のどこにも持ってゆけないので沖縄に置いている。

沖縄返還の時に、復帰運動が安保闘争と結びつくことをアメリカは恐れた。それが沖縄返還へ結びついた。現状はその時に似ている。

現在、辺野古埋め立て工事は一か月間ストップしているが、安保関連法案のほとぼりが冷めたころに工事再開されるだろう。

沖縄の協力なしでは基地機能維持が不可能なことを米国にどう理解させるかが大事だ。

アメリカが一番心配なのは市民運動だ。

私が危惧するのは、安倍政権が倒れると、沖縄への関心が一挙に薄れるのではないか、ということだ。沖縄は七〇年間も我慢し続けてきた。他に押し付けようという気はないが、沖縄にそのまま基地を置いて（知らんぷりして）いるのはヤマトのエゴだ」

具志堅氏の言葉は翁長知事の言葉とも通ずる。

「普天間基地の移設は辺野古しかない。それでだめならどこが良いのか考えろ、と沖縄県に言うのは政治の堕落だ」

翁長知事は安保条約を認めている。日本の〇・六％の土地に七四％の米軍基地を置き、その上新しく基地を作ろうとするのは認めない、と主張している。まったく当たり前の考えと思える。

しかし日本政府は「丁寧に」説明し、辺野古を埋め立て、耐用年数二〇〇年と言われる新基地を作ろうとしている。これを認めれば沖縄の未来、いや日本の未来は危うい。違う選択肢を探るべきだ。

6 観光と基地

一般財団法人沖縄観光コンベンションビューロー会長の平良朝敬氏を招いて勉強会を開いた。平良氏は財界にいながら辺野古埋め立て阻止を唱え、基地は沖縄経済の阻害要因と主張している。

二〇一三年、年末に仲井真前知事が埋めたてを承認した。以来、日本政府は、それだけを根拠にして辺野古新基地建設を進めている。

沖縄の民意は埋め立てに対して、約八割が反対。しかし国が県民の意向を無視し続けていることはご存じの通り。反対運動を牽引する島ぐるみ会議は財界をふくむ人々で共同代表を形成、平良氏はアクティブなメンバーだった。現在は、観光全体のまとめ役である職に就いたため、退いているが今後の沖縄を担うキーパーソンとしてますます活躍が期待される。

平良氏が辺野古新基地反対を決意したのは、二〇一三年一一月二五日。自民党本部で石破幹事長が沖縄県選出の自民党議員五人を従えスピーチをした時だった。辺野古承認を迫られ、やむなくうなだれて聞いている議員たち、島尻あい子氏だけが正面を向いている。自民党幹事長の力で五人の議員が屈服させられたシーンだった。これは二一世紀の琉球処分として県民の心に記憶された。

続いて一か月後、仲井真県知事が「辺野古埋め立て」承認の意向に切り替わった。車いすに乗った知事は「これは良い正月になるなぁというのが私の実感です」と述べた。

県民の気持ちを逆なでしたことは言うまでもない。その前の県知事選挙では翁長氏が当選し、あらゆる手法で新基地建設を阻止する、と明言していた。

平良氏は翁長陣営の側に立ち勝利へ導いた立役者の一人である。

沖縄戦の犠牲

新基地反対を決意した時、母親から反対された。「商売人が政治に関わってはいけない」。

一九六二年、夫と一緒に観光ホテル沖之島を開業、客室数一四室の小さなホテルだった。半世紀たった現在でこそかりゆしグループとして隆盛を誇るが、草創期は困難続きだったに違いない。占領期そして日本復帰に伴う政争と混乱は、今では想像しがたい。政治に口を出すなどとんでもない、という気持ちだったろう。

しかし母親は、平良氏の決意が固いと知ると、昔のアルバムを持ち出して沖縄戦直後の話から始めた。これまでまったくふれなかった話題だ。

「月日は流れて四〇年　想い出のアルバム」と余白に記された写真集。石川収容所の写真から始まる。

「石川市の収容所で衣服をかわかしている人びと、一九四五年七月、戦後私は一六才　此処に住んで居りました、石川市から軍作業へ、泡瀬の海兵隊、昼は軍作業、六時後は野菜売り、父は戦争で死亡、母は病気、弟妹達の世話」

続いて米軍撮影の写真にところどころ書き込みがある。「壕内に隠れていた所、アメリカに発見され、収容所へ連れて行く所」と記された写真。戦車の前を一人の米兵が二歳くらいの幼児を右手にかかえ、両脇に八歳くらいの女の子二人を伴っている。彼女たちはキャタピラーで掘りくりかえされた地面を裸足で歩いている。

「戦後四〇年六月　石川にてアメリカ兵と仲よく遊んで」と書き込みがある写真。おそらくはこのアルバムがまとめられたのが戦後四〇年の六月だったのだろう。撮影時期は四〇年前、撮影者は米軍のカメラマン。それ以外の者が写真機を持っている可能性はない。

天秤棒に竹の籠を前後に下げた笑顔の米兵、五人の男の子達が笑って見上げている。収容所で子どもにやさしくふるまう米兵のイメージ……どうもヤラセ写真のようだ。

さらにもう一枚。右肩に小銃を下げた米兵の後ろ姿、正面には三人の女性が恐怖の面持で米兵を見つめている。年配の女性と若い女性（おそらく娘）二人、一人は背中に子供を背負っている。がたがたふるえて言葉も話せない婦人たち、と書き込みがある。

沖縄戦は三か月続いた。母親は飢えと恐怖の中で過ごし、ようやく生き延びた。おびただしい遺体や墜落した戦闘機の残骸、空襲、艦砲射撃、火炎放射器による掃討作戦を見てきた。一六歳ならばはっきりと覚えている。

母親は、これまで戦争の記憶を封印し、大和世からアメリカ世、さらに大和世を見つめてきた。寄らば大樹の陰、強いものに逆らうなどもっての他、という信念だっただろう。息子が時の県政や政府に楯突くことなど考えてもいなかったに違いない。

観光の問題を語るのに、他府県（という言葉を沖縄ではよく使う）の経営者が、こうした個人史から始めることはないだろう。彼らにとって戦争は遠い昔、七〇年も前のことだ。

しかし沖縄では戦争は終わっていない、どころか新しく基地が造られようとしている。

平良氏のプレゼンテーションはさらにさかのぼり、六〇〇年以上前の一三七二年　明国からの最初の冊封使来琉（一八六六年まで二三回）から始まった。

太平洋戦争の前までに三つの大きな出来事が記される。

一六〇九年：薩摩が琉球侵攻、一八七一年：廃藩置県、一八七九年：琉球処分。あとは米軍の統治、一九七二年にようやく本土復帰。

人口でいえば戦前一九四〇年に五七万四五七九人、四五年に三二万六六二五人。わずか五年で二四万七八五四人の減だ。沖縄戦の犠牲者が一二万二千人（四人に一人の犠牲者）。あとの一二万人は疎開、移民、自然死などと推定されている。

通貨は琉球通貨→日本円（一八七九年）→B円（軍票）（一九四五年〜一九五八年）→米ドル（一九五八年〜一九七二年）→日本円と変わってゆく

この四半世紀を見ると、県知事は大田昌秀（革新）から稲嶺恵一、仲井真弘多と保守が続き、二〇一四年にオール沖縄を唱えた翁長雄志が一〇万票の大差で当選した。

観光客の推移を見ると、大田時代（二期）で一一七万増の三一七万人、稲嶺時代（二期）に一五一万人増の五五〇万人、仲井真時代（二期）に七八万人増の六四一万人。

言われるほど仲井真時代に観光客が増えた訳ではない。

捨石としての沖縄

「沖縄基地問題の真実」として平良氏が強調するのは以下の五点だ。

・海兵隊は沖縄でなくても機能する
・九州、山口県、西日本各地区でも抑止力は変わらない
・メディアも中身を分析せず、論じない
・政治の責任放棄〜沖縄が現実的だ
・軍事的な理由でなく、国内政治の問題

つまり日本国内ではどこも引き受けないので、沖縄に押し付けている。歴史的にさかのぼれば琉球処分（一八七九年）、敗戦（一九四五年）、米軍政下、本土復帰後も変わることはない。安倍首相がいくら「ていねいに説明」しようが県民は納得しない。沖縄は植民地ではない、「衛星国家」でもない。にもかかわらず日本政府が沖縄を差別し、無視し続けている。

そもそも外国の軍隊が七〇年も進駐し、そこに「思いやり」まで示して巨額の金を拠出し続ける国が、文明国や先進国の名に値するのだろうか。米国の隷属国ではないか。沖縄は一二万人の命を失い、引き続いて国内では最大の犠牲を強いられている。

日本政府は「辺野古新基地へ向けての協議」を一九九六年の「日米全面返還合意」から始めようとしているが、沖縄側は一八七九年の琉球処分から始める。なぜなら一貫して捨石として扱われた原点だからだ。安倍首相が沖縄の歴史と向き合わない限り解決の途はない。菅官房長官や中谷防衛大臣が何度沖縄へ足を運ぼうが、「人間性に反した、浅ましい発言を繰り返している醜い日本人」としか受け止められない。

環境の変化

一九七二年の沖縄県民総所得は五〇〇〇億円を少し超える程度だったが、軍関係の受け取りは一五・五%。しかし現在では五%以下に下がった。基地で成り立っている沖縄経済、というフレーズは過去のものだ。

返還された基地（那覇新都心、小禄金城地区、北谷桑江・北前地区）の直接経済効果はいずれも一六倍から一〇八倍、誘発雇用人数は一九倍から一三五倍となっており、北中城村泡瀬ゴルフ場跡地に造られたイオンモール・ライカムでは、雇用者三八人から三〇〇〇人と七九倍に激増した。

閑散としていたゴルフ場（推定一万八千人、一日五〇人）が、集客人数（目標一二〇〇万人、一日三万三千人）の巨大モールに生まれ変わった。

ちなみに泡瀬ゴルフ場ではかつて雑草除去のためまかれた除草剤が従業員の体をむしばみ、奇形を生み出している。ベトナムの森に撒いたのと同じ毒薬だ。テレビのドキュメンタリストが米国まで被害者を追いかけて取材していた。

沖縄の観光は一九七二年度には入域観光客数五六万人、二〇一四年度は七一六万人、約一二倍となっている。それにともない観光収入は三二四億円から四四七九億円（約一四倍）へと躍進した。

人口予測は、日本が既に二〇〇八年にピークを迎え一億二八〇八万人から漸減しつつあるのに対し、沖縄は二〇二五年にピークを迎える。予測では二〇五〇年において日本では若年人口が九三九万人で九・七%、沖縄では依然として二〇万八千人（一五・〇%）と比較的高い。

沖縄は国内では唯一、定住人口が増加している地域であり、国内の他地域とは対極の戦略を持たなければいけない。交流人口の増大による地域活性化ではなく、増加する定住人口の力で交流人口を呼び込む国内唯一の地域となる可能性が大きい。

観光トレンドの変化は、平良氏の造語によれば観光（視覚）―物見遊山―から感幸（五感）―体感・体験―、さらに勧交（交流）―地域や住民との交流―へと変わってくる。

今後の大きな変化としては、二〇二〇年の那覇空港第二滑走路供用開始がある。

貨物は全国から沖縄に集め、香港、シンガポールなどアジア各国に運ぶ宅急便が既に動いている。沖縄から福岡へ行くより、沖縄から台湾の方が近い。一〇〇〇キロ圏内に台湾、上海、釜山、二〇〇〇キロ圏内にはソウル、フィリピン、香港、北京、三〇〇〇キロ圏内にはベトナム、カンボジア、ラオス、中国大陸の半分くらいまでカバーする。

沖縄の地理的優位性は明らかだが、上空は米軍機が優先して飛び回っている。

沖縄は、アジアの架け橋やノード（結び目）と呼ばれる。ここに基地があっては百害あって一利なし。抑止力理論とやらで軍事基地を置き続けたり、新基地を造ったりすれば百年、千年の計を過つことは明らかだ。観光は平和産業であり、基地は沖縄経済の阻害要因となっている。

以上が平良朝敬氏のスピーチの要旨だ。

翁長知事から就任直後に聞いたことが印象に残っている。

「基地問題が（仕事の）九割です」

琉球新報
THE RYUKYU SHIMPO

新基地建設断念を　3万5000人が結集

沖縄の民意　内外に訴え

県民大会決議

辺野古阻止が唯一の解決策

知事、政府を痛烈批判

新基地反対　5・17県民大会

計画撤回を要求

「大阪都構想」を否決

住民投票　橋下氏が引退表明

2015, 5/17県民集会
那覇市内のセルラースタジアムには3万5000人が集結した。“うちなーんちゅ　うしぇーてー　ないびらんどー”、“沖縄県民をなめてもらっては困りますよ”とその日翁長知事は締めくくった。

同様に沖縄の経済人は、負の歴史に巻き込まれ、そこからの脱却方法をまず考えなければならない。基地問題を押し付ける日本、基地を置き続けるアメリカ。沖縄にいると、何をするにも日米両政府を相手に日々闘わなければいけない。

艱難汝を玉にす、という諺を思い出した。

7　さまよへる琉球人

広津和郎の「さまよへる琉球人」は、大正一五年三月に『中央公論』に掲載された。

お人良しの小説家が、琉球出身の青年の詐欺的な行為に迷惑をこうむる、しかし妙に人懐っこい彼らにひかれる。最後には、裏切られることに興味を持つ自分の病的な気質に嫌になり、ルーズな自分の生活に「気を付け！」と怒鳴りたい気分になる。

今読めば別にどういうこともない、書けない小説家の身辺を綴った作品だ。

しかしそういう読まれ方をしなかった。

琉球人はあれだから困るんだ……内地で少しは無責任な事をしても当然だ、と云ったやうな心持を持っている点があるんですよ。

徳川時代以来、迫害を続けられたので、多少復讐――と云はないまでも、内地人に対して道徳を守る必要がない、と云ったやうな反抗心が生じたとしても、無理でない点がある事はあるな。（引用は当用漢字に直した）

おそらく上記のような箇所が問題となり、大きな社会問題に発展する。一九二六年四月四日、報知新聞に「沖縄青年同盟」の抗議文が掲載される。

我々は無資産で、無能力、働かねば生命をつなぐ事は出来ません、何時我々も県外に職を求めて赴かぬとも限りません、しからばこの問題は、県民大衆一般的問題であると共に、やがて又我々自身を脅威する重大問題であります。

沖縄が置かれている状況を分かって下さいよ、という悲鳴が聞こえそうだ。

むろん広津が「さまよへる琉球人」で描写した人物は、どこにもいそうな小悪人で、ことさら琉球人を見下したりしている訳ではない。ケビン・メア米領事の「沖縄人は怠惰で、ゆすりたかりの名人」のような悪意は含まれていない。

しかし広津は抗議に対して、「今後あの作を創作集などには再録しない事をここに御約束」する。以後「さまよへる琉球人」は幻の小説として封印されていたが、一九七〇年（復帰の二年前）に「新沖縄文学」に掲載される。四五年ぶりであった。大正時代に琉球人が感じた劣等感はよほど薄れていた。

――以上は『さまよへる琉球人』（広津和郎著、解説・仲程昌徳、同時代社、一九九四年）によって書いた。

ここでさらに四五年間、時間を飛ばす。

二〇一五年現在、日本政府が沖縄にやっていることは何か、日本人が沖縄人に押し付けていることは何か。

それは、植民地主義そのものではないか。

本土では自民党圧勝、沖縄では全敗。新基地建設に反対の候補が四選挙区で全勝した。

ヤマトVS沖縄（という構図は好きではないが、メディアには載りやすい）を比べれば、どちらがまともな選択をしたのか。

それを安倍政権が「日米政府協力」の下に、力で押しつぶそうとしている。

二〇一五年四月二四日の新聞報道によれば、沖縄防衛局が公開した辺野古埋め立て本体工事の契約額は四一五億円、今ではもっと増えているだろう。夏までに埋め立ての既成事実を作ろうと躍起になっている。全て国民の税金だ。

対して埋め立て反対の辺野古基金は五月一一日現在で一億八五四〇万円。二〇〇倍以上の差があるが、この基金は全て県内の民間企業や個人、全国からの有志の寄付（一万五〇二三件）だ（二〇一六年一月二〇日現在五億三二七二万円、振込件数八万二千強）。

あとがき

二〇一六年四月一二日、日米両政府が米軍普天間飛行場の全面返還で合意してから、二〇年を迎えた。この二〇年間、返還は果たされず、世界一危険といわれる普天間飛行場は宜野湾市の真ん中に居座っている。危険の除去が叫ばれ、そのことに沖縄県民の誰も賛成だが、だから同じ県内の辺野古を埋め立ててそこに移しましょう、という案にはほとんどが反対だ。

なぜ県外、国外ではなく沖縄県内での「移設」なのか。

日本政府は本土のほかの県にはまことに寛容で、沖縄県には厳しい。戦後の歴史を見てみよう。本土で基地反対の声が高くなり困った政府は大半を沖縄へ移した。その頃、沖縄は日本ではない。米軍政下だから日本国憲法の「制約」もなくやりたい放題。復帰して四〇年たったが状況はさほど変わっていない。米軍と沖縄県が直接対決していた方がまだやりやすかったくらいだ。日本政府が米政府に操られているように見せかけて操っている面もある。「ゆすり・たかり」は外務省・防衛省の専管事項のようだ。

ともあれ沖縄の日本への復帰は、米軍基地がそのまま使える状態なので、アメリカの勝ち。

ここで夢のような話をする。もし沖縄がアメリカの一つの州になっていたら……。沖縄と日本の立場は「主客」逆転、日本の首相を呼びつけて、もうお前のところには協力しない、これからのことは自分達で考えろ、と宣言する。誰が日本なんかを守ってやるものか。沖縄戦で多数の住民を殺し、島全体を「太平洋の捨石」にしたつけを払ってからものを言え。

アメリカなのだから大統領にも注文をつけられる。嘉手納基地はすぐに民間航空機の乗り入れを許可する。全世界から人を集める戦略を進める。国際会議、エコツーリズム、マリンスポーツなどなど、どうぞ長期滞在して青い空、青い海を堪能してほしい。そのためにはビーチを独占している米軍基地は撤去。海兵隊はもともと不要。日本とつるんで基地存続を唱えるような知事は落選させる。上院・下院に送り込んだ議員はワシントンでロビー活動を展開し、アジア・太平洋の楽園づくりに邁進する。中国の国家主席も韓国の首相も海水浴に来てもらい、美しい砂浜でのんびり環境保護の話でも出来たのではないか。

いや今からでも遅くない。アメリカの一つの州ではなく独立する方が早道かもしれない。アメリカ、日本と対等の関係を結べば世界中が仰天する。日米安保は当面は琉日米安保となる。その後、廃止する。中国ともロシアともたちまち平和交流が始まる。日本からの「思いやり」予算など不要、その代わり日本国防衛特別予算を計上させる。当座は嘉手納基地を人質にワシントンとのらりくらり交渉し、次第にアジア最大の民間空港に変えてゆく。日本からの「思いとどまってほしい」特別交付金（？）は軍事面には使わず人の安全保障と環境保護に投じる。平和国家を宣言しコスタリカ、ブータンなどの非戦国と小国連合を形成する。国連などの国際機関の事務局を誘致し、定期的に会合を開く。場所は辺野古・大浦湾を見下ろすホテルが最適だろう。アジア・太平洋諸国とは独自のネットワークを造る。ウチナーンチュ大会は持ち回りで世界中で開催する。平和と環境を創出する小国家の出現だ。

現実に戻ろう。

日本国と沖縄県が「和解」し、辺野古の埋め立て工事がストップしている。内実は高等裁判所の三人の裁判官のうち二人が国の敗訴を予測し、国に和解を進めたらしい。国は裁判結果に従うかどうかを執拗に県に確認した上で、工事をストップした。大きな失点であることは間違いない。しかしながら国の方針は辺野古以外はあり得ない、となんら変わっていない。裁判所はオールジャパンで考える問題だ、と指摘しているが現政府の作戦はオキナワどまりで片づけるつもりだ。中央政府と地方政府が同等などという考えはない。まして沖縄以外の他府県に基地を持っていくつもりはないことも百も承知。

私が懸念しているのは、辺野古はストップするかもしれない、だが那覇空港は、宮古島の下地空港は、そして何より東洋最大の軍事空港である嘉手納基地はどうなる。もぐら叩きのように一つ叩けば別のもぐらが大きく顔を出す可能性が高い。

米国の従属国である日本、さらにその日本から差別され、「がんの移植手術」(?!)を知らない間に受けさせられたような沖縄。だが沖縄は琉球以来の免疫力が働いており、がん細胞はこれ以上浸食出来ないかもしれない。


この本のゲラを読み返してみて、沖縄の文化面の魅力がほとんど書けていないことに気が付いた。「戦後七〇年」の沖縄からの現状報告のつもりで書き始めたので無理もない。明るく楽しく暮らせなければ沖縄ではない、実際にみな幸せそうだ。辺野古の基地の前の座り込みも歌《うた》三線《さんしん》と踊りでもっている。この運動は沖縄の文化を継いでいる。それを日本政府がつぶすことは不可能だ。

毎週、あちこち面白そうな会合や場所を訪ね、関連の本などを紹介したレポートを綴ってきた。それがこの本になった。私の沖縄取材はこれで終わったわけではない。インターネットで「ＥＡＣＩ」と入れて頂ければ東アジア共同体研究所のホームページが出て来る(ＥＡＣＩはEast Asian Community Institute(東アジア共同体研究所)の略)。そこで緒方の研究員ノートを見ることが出来ます。続きを是非ごらんください。

〈著者紹介〉
緒方　修（おがた・おさむ）
1946年生。中央大学卒、文化放送放送記者・プロデューサーを経て青山学院大学、法政大学講師。1999年より沖縄大学教授。早稲田大学オープン教育センター講師など。現在、東アジア共同体研究所　琉球・沖縄センター長、NPOアジアクラブ理事長ほか。
著書に『シルクロードの未知国――トルクメニスタン最新事情』（芙蓉書房出版、日本地方新聞協会・特別賞）、『客家見聞録』（現代書館）、『沖縄野菜健康法』（実業之日本社）、『燦々オキナワ』（現代書館）など。

歩きはじめた沖縄――沖縄の自然と歴史、そして辺野古

2016年5月25日　初版第1刷発行

著者 ――緒方　修
発行者 ―平田　勝
発行 ――花伝社
発売 ――共栄書房
〒101-0065　東京都千代田区西神田2-5-11出版輸送ビル2F
電話　03-3263-3813
FAX　03-3239-8272
E-mail　kadensha@muf.biglobe.ne.jp
URL　http://kadensha.net
振替　00140-6-59661
装幀　生沼伸子
印刷・製本　中央精版印刷株式会社

ISBN978-4-7634-0777-1 C0036

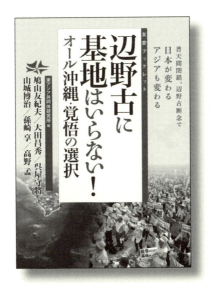

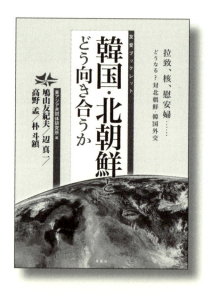